Unser Sprachbuch für Klasse 3

Baden-Württemberg

mit Lateinischer Ausgangsschrift

Herausgegeben
von
Horst Bartnitzky
und
Hans-Dieter Bunk

Erarbeitet
von
Horst Bartnitzky
Hans-Dieter Bunk
Ingrid Nicklaus
Mechtild Peisker
Ulrike Strunk

Grafische Gestaltung
Wolfgang Metzger

Ernst Klett Schulbuchverlag
Stuttgart Düsseldorf Berlin Leipzig

Unterrichtseinheiten	Mündlicher Sprachgebrauch	Schriftlicher Sprachgebrauch
1 **Fremde und Freunde** Seite 6–13	– von Ferienbekanntschaften/-freundschaften erzählen, Kontaktaufnahmen szenisch spielen und beurteilen – von Situationen und Gefühlen bei einer Freundschaft erzählen	– über Bekanntschaften/Freundschaften eigene Texte mit Zeichnungen und Fotos gestalten – „Schreibbonbon" als Anregung zum freien Schreiben kennenlernen
2 **Zusammen lernen – zusammen leben** S. 14–19	– von Pausenerfahrungen erzählen – Rollenspiel kennen- und für die Streitlösung nutzen lernen – über Beschwerden, Vorschläge, Fragen, Mitteilungen miteinander sprechen – Absprachen treffen	– sich beschweren, etwas vorschlagen, fragen und mitteilen – Vereinbarungen festhalten – freien Text zum Lieblingsmonat schreiben
3 **Unterwegs** S. 20–25	– Erfahrungen mit Reisen und Ausflügen austauschen – eine Comic-Geschichte planen und erzählen – ein Stadtspiel entwerfen und Entscheidungen treffen	– Wünsche für eine Reise mit Bild und Text gestalten – einzelne Comic-Szenen zeichnen oder schreiben – das Stadtspiel grafisch und textlich gestalten (Anweisungstexte)
4 **Überall Verkehr** S. 26–33	– über Erfahrungen im Verkehr sprechen – zu Spielzeugfahrzeugen informieren und erzählen – Rollenspiel anwenden	– informierende Hinweiszettel schreiben – bei einer Verkehrszählung eine Statistik führen – mit Hilfe von Einzelaussagen einen Unfallhergang rekonstruieren

5 **Bleib gesund!** S. 34–39	– über Erfahrungen mit Kranksein sprechen – geordnet erzählen (Erzählkarten) – Schulfrühstück planen	– geordnet mit Hilfe von Erzählkarten erzählen – Vereinbarungen auf Merkzettel schreiben
6 **So ein Wetter!** S. 40–45	– über Erfahrungen mit unterschiedlichem Wetter sprechen – Regenpausen mit Spielen gestalten	– Wetterprotokoll mit grafischen Zeichen lesen und anfertigen – freie Texte über Fantasiewetter – Geschichte vom „Fliegenden Robert" schreiben – Ideogramme erfinden – Arbeitsanleitung aufschreiben
7 **Naturfreunde** S. 46–53 	– Über Naturbeobachtungen und Naturschutz in der Lebenswelt der Kinder sprechen – Blattformen beschreiben – Erzähltexte planen (Erzählkarten) und gestalten	– Informationsplakate mit Bildelementen gestalten – nach Bildvorlage und fantasiebestimmten Ideen erzählen

Rechtschreiben	Sprache untersuchen	Mini-Projekte
– *Lernwortschatz (LWS-) Wörter* üben – Übungstips 1-5 wiederholen, dabei zwischen leichter und schwieriger zu schreibenden Wörtern unterscheiden	– verwandte Wörter erkennen und suchen, die Verwandtschaft durch Wortstamm und inhaltlichen Zusammenhang belegen – Termini *Tunwort* und *Wiewort* wiederholen	– Pinnwand-Ausstellung: „Treffpunkt Ferien", Begegnung mit Fremden – Freundschaftsblatt
– *LWS-Wörter* üben – Wörter mit der Buchstabenfolge -*cht*- in Wörtern üben – Monatsnamen schreiben üben	– Briefe auf ihre Intention hin untersuchen	– Klassen-Briefkasten und Besprechungsstunden – Jahreskalender für die Klasse entwerfen und gestalten
– *LWS-Wörter* üben – Kürze von Vokalen vor verdoppeltem Mitlaut erkennen – Wörter mit -*ie* schreiben üben – Wörter mit doppeltem Selbstlaut und doppeltem Mitlaut	– aus Namenwörtern Wiewörter mit -*ig* bilden und dabei Regelung erkennen – bei Bild-Text-Kombination überlegen, was sprachlich zu fassen ist	– Schreibprojekte: „Da möchte ich sein!" und Comic – Besonderheiten des Heimatortes erkennen, ein Stadtspiel entwickeln
– *LWS-Wörter* üben, bei zusammengesetzten und abgeleiteten Namenwörtern die Wortbildung erkennen und zur Rechtschreibung nutzen – Wörter mit Buchstabenfolge -*nkt* schreiben üben – Wörter mit -*ah*, -*eh*	– *zusammengesetzte Namenwörter* bilden, Begleiter bestimmen – Veränderbarkeit des Tunwortes erkennen, Termini *Grundform, Wortstamm, -endung* lernen – Vorerfahrungen mit Satzgliedern und ihren Funktionen machen – die Intention von verschiedenen Äußerungen unterscheiden – einzelne Fahrzeuge *Sammelnamen* zuordnen – Tunwörter, die Bewegung ausdrücken (Wortfeld „fahren")	– Ausstellung mit Spielzeugfahrzeugen – Verkehrszählung
– *LWS-Wörter* üben – Veränderung von Tunwörtern (ss wird zu ß) erkennen und analoge Fälle üben – Kürze des Selbstlautes vor -*ck*- erkennen – Wörter mit *eu*, Wörter mit *ie* schreiben üben	– mit Wiewörtern vergleichen, dabei *Vergleichsstufen* erkennen und nutzen – Termini *Satzgegenstand* und *Satzaussage* lernen	– gesundes Schulfrühstück – Frühstücksrezepte aufschreiben und zu einem Buch zusammenstellen
– *LWS-Wörter* üben – bei Wörtern mit -*d* im Auslaut Rechtschreibhilfe „verlängern" erkennen und anwenden – Wiewörter mit der Endung -*ig* und -*isch*	– Veränderung von Tunwörtern bei verschiedenen *Zeitstufen* erkennen – *Satzgegenstand* bestimmen – Wortarten wiederholen – mit Wiewörtern vergleichen – Wettervorhersagen vergleichen – *Homonyme* („Teekesselwörter") – einen Anleitungstext mit Infinitiven in die Ich-Form umsetzen	– Gestaltung der Regenpause – Wetterprotokoll – Regenmesser und Windrad bauen
– *LWS-Wörter* üben – Wörter mit Buchstabenfolge *Pfl/pfl* schreiben – Ableitung von Wörtern (*a → ä*) feststellen und als Rechtschreibhilfe nutzen	– verwandte Wörter inhaltlich untersuchen – erkennen, wie Tunwörter Zeitstufen kennzeichnen können – mit Wiewörtern vergleichen	– Aktionen auf dem Schulhof zum Naturschutz gestalten (z.B. Baumplakate) – Wandzeitung zum Thema „Wasser" (Wasserverbrauch/Wasserschutz)

Unterrichtseinheiten	Mündlicher Sprachgebrauch	Schriftlicher Sprachgebrauch
8 Es war einmal S. 54-59	– Erfahrungen darüber austauschen, inwieweit die Kinder „alte Geschichten" lesen/hören/sehen – Märchen mit Hilfe von Erzählkarten erzählen	– *Erzählkarten* als Erzählhilfe anfertigen – alte Sprache in heutige Sprache übersetzen – Dialoge *(wörtliche Rede)* für eine gespielte Märchenszene aufschreiben

9 Hast du Zeit? S. 60-67	– vom Tagesablauf erzählen – über besondere Ereignisse, Vorlieben, Tagespläne, Spielplätze berichten – über ein Hobby referieren	– einen Tagesablauf notieren – Texte über Hobbys überarbeiten *(Schreibkonferenz)* – Spielplatz-/geräte bewerten

10 Hast du das gesehen? S. 68-75	– von Fernseherfahrungen erzählen, berichten, darüber nachdenken – Vorlieben begründen – selbstgeschriebene Nachrichten aus der Klasse vortragen	– *Fernsehkritik* schreiben – Fantasiegeschichte für einen „Fernsehfilm aus dem Karton" schreiben, vorgegebenen Entwurf überarbeiten – *Nachrichten* schreiben, vorgegebenen Entwurf überarbeiten

11 Von Hexen, Geistern und Gespenstern S. 76-82	– Geschichten mit Fantasiefiguren erfinden und erzählen – ein Gedicht sprechend durch Variation des Sprechklanges gestalten – Szenen mit einfachen Marionetten erspielen – nach einer Bilderfolge erzählen	– Steckbriefe nach Schreibhinweisen schreiben – freie Texte schreiben, dabei unterschiedliche Erzählvorgaben nutzen – Zauberspruch mit vorgegebenen Namenwörtern erfinden

12 Durch das Jahr S. 83-89	– Mini-Projekte verabreden, Vereinbarungen und Absprachen treffen, über Erfahrungen miteinander sprechen – Pantomimen spielen	– Postkarten schreiben und dabei Regelungen beachten wie Adressierung, Großschreibung der Anredepronomen
Anhang S. 90-119	– Rollenspiele, Fantasiegeschichten mit Erzählkarten erzählen	– Erzählkarten herstellen – Texte nach Schreibhinweisen überarbeiten – „Kofferpacken-Spiel" (Aufzählungen)

Rechtschreiben	Sprache untersuchen	Mini-Projekte
– *LWS-Wörter* üben – Wörter mit *-ih-* (*Fürwörter*) schreiben üben – *wörtliche Rede* unter Beachtung der Redezeichen üben	– zusammengesetzte Namenwörter untersuchen – *Fürwort* als Stellvertreter des Namenwortes kennenlernen – an sprachlichen Merkmalen „Texte von früher" erkennen	– Märchen aus der Streich-holzschachtel – Ausstellung: „Es war einmal" – Ausstellung oder Buch mit Dokumenten: „Unser Ort früher"
– *LWS-Wörter* üben – Zeitadverbien schreiben	– Namenwörter in *Silben zerlegen* und Silbenrätsel herstellen	– Karte mit Hobby-Orten anlegen – Wandzeitung zu Hobbys, Hobby-Buch der Klasse zusammenstellen und gestalten – Freizeit-Zeitung gestalten
– *LWS-Wörter* üben – Namenwörter mit der Endung *-ung* – Wörter mit *-eu-* schreiben üben	– Fernsehsendungen *Sammelnamen* zuordnen – Wortfeld „sprechen" – Vergangenheitsformen von Tunwörtern – zu Wiewörtern beide Vergleichsstufen bilden	– Film aus dem Klassen-studio – Nachrichten – Einladung(splakat) zu einer Fernsehstunde
– *LWS-Wörter* üben – Kürze des Selbstlauts vor Doppel-mitlauten erkennen – Wiewörter mit *-ig* und *-lich* üben – Wörter mit *x* und *Qu/qu* – Silbentrennung: *-ck-* → *k-k* – Wörter mit Konsonantenhäufung am Wortanfang: *Fl/fl*, *Br/br*, *Schr/schr*	– Vergleichsformen von Wiewörtern bilden – *Partizip* als Form des Tunwortes vorbegrifflich bilden und dabei Regelhaftigkeiten erkennen – weitere Wörter aus dem Wortfeld „sprechen" – Tunwörter nach Silben trennen	– Schreibprojekt: Buch mit Fantasiegeschichten – Gespenstergeschichten-stunde
– Wörter mit *-ck-* üben – zusammengesetzte Wörter schreiben – Anredefürwörter im Brief – ei-Wörter	– mit Wiewörtern vergleichen – *Ideogramme* lesen und herstellen – Wortfeld „fliegen" – Wörter mit vorangestellten Bausteinen (*ab-, an-, ver-, ein-, dazu-, aus-, weg-*) – Fürwörter	– Flieger-Wettbewerb – Nikolausspiel – Buch gestalten – Geschenkpapier – Maskenspiele – Zirkusfest – Stehauf-Hasen
– Namenwörter mit *-ung, -heit, -keit* – Wörtliche Rede – Komma bei Aufzählung, Silbentrennung – Verdoppelung des Konsonanten, lang gesprochene Vokale – Verlängern bei Endlautverhärtung – Ableitungen bilden	– Wortarten: Namenwort, Fürwort, Tunwort – Grundform, Gegenwartsform/Vergangenheitsformen – Wortstamm/Wortendung – Wiewörter und ihre Vergleichsformen – Satzteile: Satzgegenstand/Satzaussage – Satzarten	

Diese Zeichen werden verwendet:

 Erklärung eines Fachbegriffs im Anhang

① Schreibaufgabe

② Differenzierungsaufgabe

 Diktierpause

 Schreibbonbon

1 Fremde und Freunde

Liebe Antoinita, es war sehr s... in Spanien. Wir... das... Vie...

Hallo, wie geht's?
Hello, how are you?
Salut, comment ça va?
Holà, como est...

① Erzählt von Menschen, die ihr in den Ferien getroffen habt. Blieben sie Fremde, oder habt ihr sie besser kennengelernt? Habt ihr euch sogar angefreundet?

Marc möchte mitspielen

- „Was spielt ihr denn da?"
- „Braucht ihr einen Mitspieler?"
- „Ich heiße Marc. Darf ich mitspielen?"
- Marc steht dabei und sagt gar nichts.

② Was könnte Marc tun?

③ Was werden die beiden Kinder tun? Überlegt und spielt, wie es weitergehen kann.

Treffpunkt Ferien

Der Schäfer Anselm, den ich in der Schweiz getroffen habe.

Mit Nina und Micha am Strand.

Mein Ferienfreund Tasko

Das bin ich mit meiner Freundin Selina. Ich hab sie in der Türkei getroffen. Sie ist richtig lustig. Wir wollen uns jetzt immer schreiben.
Hatice

① Male und schreibe,
wen du in den Ferien getroffen hast.
Diese Wörter können dir helfen:
freuen, Ferien, kennenlernen, Freundschaft, freundlich, anfreunden, treffen, verabreden, erleben, zusammen, Spaß haben, fröhlich, traurig, Abschied.

Verwandte Wörter

Wörter können miteinander verwandt sein.
Du kannst ihnen die Verwandtschaft ansehen:
Freund, Freundin, Freundschaft, freundlich, anfreunden.

② *Schreibe die verwandten* **Freund**-*Wörter ab.*
Kreise ein, was bei ihnen gleich ist: (freund)lich, ...

Der ist neu!

Übungstip 6

Verwandte Wörter suchen — spielen

spielte   Spiel
spielend   gespielt
verspielt   Spielfilm
Fußballspielerin   Spielwaren

③ *Suche Wörter, die mit dem Wort* **spielen** *verwandt sind.*
Kreise ein, was bei den verwandten Wörtern gleich ist.

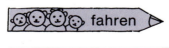 fahren

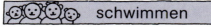 schwimmen

Unsere Merkwörter

   **Abschreiben in vier Schritten**

| Ferien |
| Freundschaft |
| freuen |
| treffen |
| Spaß |
| fröhlich |
| zusammen |

1. Schritt: das Wort lesen.

2. Schritt: das Wort merken.

In Klasse 2 hast du gelernt:
- Augen schließen, und das Wort blind schreiben.
  Du kannst nun schon selbst unterscheiden,
  ob ein Wort für dich schwierig oder leicht ist.
  Ein schwieriges Wort mußt du anders üben
  als ein leichtes Wort.

So kannst du ein leichtes Wort üben:	*So kannst du ein schwieriges Wort üben:*
das Wort noch einmal genau ansehen.	• die schwierige Stelle genau ansehen, • das Wort mit dem Finger auf den Tisch schreiben, • Augen schließen, und das Wort noch einmal im Kopf schreiben.

3. Schritt: das Wort schreiben.

4. Schritt: das Wort kontrollieren:
- *das geschriebene Wort Buchstabe für Buchstabe vergleichen,*
- *bei einem Fehler das ganze Wort durchstreichen,*
- *das Wort noch einmal üben.*

Übungstip 2

 **Wörtertreppe**

Merkwörter der Wortlänge nach schreiben:
- *Buchstaben zählen, mit dem kürzesten Wort anfangen.*

Übungstip 3

 **ABC-Heft**

Merkwörter in das ABC-Heft eintragen.

Erst Fremde, 🐻 dann Freunde 🐻

Im Sommer 🐻 lernte ich Enzo kennen. 🐻
Er war immer fröhlich. 🐻
Wir hatten zusammen 🐻 viel Spaß. 🐻
In den Ferien 🐻 treffen wir uns wieder. 🐻
Ich freue mich schon. 🐻

Übungstip 4

 **Selbstdiktat**

*Beim Abschreiben in vier Schritten
hast du dir die Merkwörter selbst diktiert.
Genauso kannst du dir
einen Text selbst diktieren.
Dabei merkst du dir immer die Wörter bis 🐻.*

Übungstip 5

 **Partnerdiktat**

*Einen Text kannst du auch
mit einer Partnerin oder einem Partner üben:*
1. *Der Partner diktiert bis 🐻, du schreibst.*
2. *Wenn du einen Fehler machst,
   sagt der Partner: „Halt!"*
3. *Du schreibst das Wort richtig,
   der Partner hilft dabei.*
4. *Ihr könnt auch wechseln:
   du diktierst, dein Partner schreibt.*

Meine Freundinnen – meine Freunde

① *Wer sind deine Freundinnen oder deine Freunde?*

② *Woran merkst du, daß jemand deine Freundin oder dein Freund ist? Sprecht darüber.*

③ *Wie soll eine Freundin oder ein Freund sein: doof, witzig, freundlich, lieb, zuverlässig, unehrlich, langweilig, ehrlich, angeberisch, zänkisch, hilfsbereit, nett, lustig – oder?*

④

Wie eine Freundin oder ein Freund sein soll:	Wie eine Freundin oder ein Freund nicht sein soll:

⑤ *Was soll eine Freundin oder ein Freund tun: lachen, zanken, petzen, sich vertragen, schlagen, helfen, angeben, zusammenhalten, lügen, bestimmen, ärgern – oder?*

⑥

Das soll eine Freundin oder ein Freund tun:	Das soll eine Freundin oder ein Freund nicht tun:

ZUR ERINNERUNG:

Tunwörter sind Wörter, die sagen, was jemand tut.

Wiewörter sind Wörter, die sagen, wie jemand ist.

vertragen
lügen
petzen
ärgern
lustig
nett
doof

① Unsere Merkwörter

② **Wer ist das?** 🐻

Wer sieht lustig aus, 🐻
ist immer lieb und nett, 🐻
sagt nie doofe Wörter? 🐻
Wer lügt nie 🐻 und petzt auch nicht, 🐻
ärgert mich nie, 🐻 verträgt sich immer? 🐻
Wißt ihr, 🐻 wer das macht? 🐻
Meine Schwester 🐻 in der Nacht. 🐻

③  lieb

④ Zeichne und schreibe ein Freundschaftsblatt.
Du kannst es deinem Freund
oder deiner Freundin schenken.

⑤

Mein Bruder kann honigbären-
lieb sein. Oft ist er
aber stachel-
kratzerunlieb!

Das Schreibbonbon trefft ihr ab jetzt häufiger.
Hier findet ihr einen Vorschlag, der euch
vielleicht zum Schreiben oder Malen anregt.

2 Zusammen lernen – zusammen leben

Streit um den Ball

Auf dem Schulhof streiten sich Mario und Eva:

Du kannst uns den Ball doch nicht einfach wegnehmen. Wir spielen so schön!

Das ist doch mein Ball!

① Was ist geschehen?

② Wie kann es weitergehen?
*Es gibt mehrere Möglichkeiten.
Einige findet ihr am Rand.
Ist damit der Streit zu Ende?*

③ *Erzählt oder zeichnet den Streit.*

Rollenspiele

④ *Ihr könnt die möglichen Fortsetzungen
auch mit verteilten Rollen spielen.
Das nennt man Rollenspiel.*

Vor dem Rollenspiel müßt ihr klären:

- Wer ist am Spiel beteiligt?
- Was wollen die Beteiligten erreichen?
- Wer spielt welche Rolle?
- Wie kann es weitergehen?

Nach dem Rollenspiel könnt ihr besprechen:

- Wie ging es weiter?
- Könnte das auch in Wirklichkeit so weitergehen?
- War das eine gute Lösung für alle?
- Gibt es noch andere Lösungen?

*Auch andere Situationen könnt ihr
im Rollenspiel ausprobieren.*

"Oft macht die Schule Spaß. Oft ärgert mich auch was. Oft will ich etwas fragen und manchmal mich beklagen."

Besprechungsstunde:
jeden Freitag
1. Stunde

Briefkasten der Klasse 3

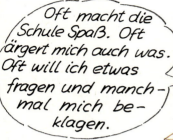

Liebe Frau Klonk, wann darf ich mein Meerschweinchen in den Unterricht mitbringen? Dani

Die Jungen stören uns immer beim Gummitwist. Natalie

Der Klassen-Briefkasten

① Könnte einer der Briefe auch von dir sein? Worüber würdest du schreiben?

② Welche Briefe enthalten Beschwerden? Fragen? Vorschläge? Mitteilungen?

③ Schreibe für jede Art ein Beispiel auf.
Beschwerde: Frage:
Vorschlag: Mitteilung:

④ Wie könnt ihr einen Briefkasten einrichten? Wann sollen die Briefe besprochen werden?

Heute haben wir wieder kein Lied gesungen! Anke

Ich möchte mal im Unterricht über Indianer sprechen. Jens

Ich habe meinen Beutel mit dem Bären verloren. Axel

Ich habe in der Musikschule ein tolles Lied gelernt. Darf ich es mal vorsingen? Lisa

- Klasse
- Pause
- Unterricht
- schimpfen
- Ärger
- beschweren
- gerecht
- ungerecht

① Schreibt selbst Briefe für den Klassen-Briefkasten.

② Unsere Merkwörter

③ Unter den Merkwörtern sind drei Wörter mit **cht**. Kreise **cht** ein.

④ Suche in der Wörterliste (ab Seite 112) zehn weitere Wörter mit **cht**. Schreibe sie auf, und kreise **cht** ein.

⑤ **So ein Ärger!** 🐻

In der Klasse schimpfen die Kinder 🐻
und beschweren sich. 🐻
Der Unterricht ist zu lang, 🐻
das ist nicht gerecht. 🐻
Die Pause ist zu kurz, 🐻
das finden manche Kinder 🐻 auch ungerecht. 🐻
Sie wollen eine Pause nach der Pause. 🐻

⑥ Schule ▷   Klasse ▷

August	September	Oktober	November	Dezember	Januar
	Drachen Flugtag		11. Nov.: Martinstag	6. Nikolaus 14. Adventsfeier	

Jahreskalender für die Klasse

Ihr könnt euch einen Jahreskalender machen.
Auf dem Kalender könnt ihr anheften,
was ihr gemacht habt, und ihr könnt planen.

① Was könnt ihr bereits anheften?
Welche Termine stehen schon jetzt fest?
Tragt sie in den Jahreskalender ein,
oder heftet Zettel an die Kalenderwand.

② Was wollt ihr für eure Klasse planen?
So könnt ihr vorgehen:
- Wünsche und Ideen sammeln,
- Wünsche und Ideen besprechen,

Ich bin dafür, weil...   *Ich bin dagegen, weil...*

- Entscheidungen treffen,

Wie einigen wir uns?   *Wann...?*   *Wer...?*

- Verabredungen in den Kalender eintragen.

③ Die Monatsnamen werden oft abgekürzt.
Erklärt die Abkürzungen am Rand:
1. = Januar, Feb. = ...

Januar	
Februar	
März	
April	
Mai	
Juni	
Juli	
August	
September	
Oktober	
November	
Dezember	

① Unsere Merkwörter

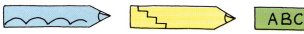

② **Die zwölf Monate**

Als erster kommt der Januar.
Es folgt der kurze Februar.
Dann folgen März, April und Mai.
Auch Juni, Juli sind dabei.
Dann kommen August und September,
Oktober, November, Dezember.
Hier endet nun das alte Jahr,
und wieder kommt der Januar.

③  Jahr

④ **Monatsblätter**

*Welcher ist dein Lieblingsmonat?
Schreibe und male,
was du an diesem Monat
besonders magst.*

Ich bin dafür, daß öfter Dezember ist, weil ich gerne Weihnachten feiere.

Mein Lieblingsmonat
Mein Lieblingsmonat ist
Dann habe ich Geburtstag
Am besten gefällt mir an

3 Unterwegs

Ihr Lieben, herzliche Grüße schicke ich Euch aus meiner Kur. Hier werde ich sehr gut versorgt. Gerade habe ich einen schönen Spaziergang gemacht. Das Wetter war bisher auch immer ganz gut. Liebe Grüße und Küsse Eure Mami, Eure Omi

Familie
Jens Bromer
Heinrich-Böll-Str. 5
47111 Duisburg

Was man unterwegs alles tun kann

Im Gebirge kann man …
Im Wald kann man …
Am Meer kann man …
In einem Ort kann man …

Aber faulenzen kann ich überall!

radfahren
schwimmen
tauchen
gucken
klettern
segeln
wandern
fahren
planschen
buddeln
bummeln
steigen
ausruhen
spazierengehen
besichtigen
einkaufen
rodeln
fotografieren
?

① Ergänze die Sätze mit passenden Tunwörtern.
Wenn du Tunwörter aufzählst, setze zwischen die Tunwörter ein Komma.
Nur vor dem Wort **und** fällt das Komma weg.

② Kreise ein, was du schon einmal getan hast.

③ Bei den Tunwörtern am Rand stehen vier Tunwörter mit verdoppeltem Mitlaut. Schreibe sie auf, und kreise den verdoppelten Mitlaut ein.

④ Suche in der Wörterliste (ab Seite 112) zehn weitere Wörter mit verdoppeltem Mitlaut. Schreibe sie auf, und kreise den verdoppelten Mitlaut ein.

⑤ Wird der Selbstlaut vor dem verdoppelten Mitlaut kurz oder lang gesprochen?
Mache unter kurze Selbstlaute einen Punkt, unter lange Selbstlaute einen Strich.
Was fällt dir auf?

Das Schloß würde ich gerne besichtigen. Mark

Im Wald würde ich gerne eine Hütte bauen mit dem Holz, das da unten rumliegt. Lisa

Am Meer würde ich gerne schwimmen, eine Burg bauen und Muscheln sammeln. Iris

⑥ **Da möchte ich gerne sein!**

Suche ein Foto aus, oder male ein Bild und schreibe dazu.

⑦ *Ich setze mich auf meinen fliegenden Teppich. Dann fliege ich los …*

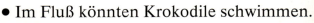

- Im Fluß könnten Krokodile schwimmen.
- Im Fluß gibt es Felsen, gegen die das Boot stößt.
- Im Fluß gibt es gefährliche Strömungen.

Oder?

① Wie könnte die Geschichte weitergehen?

② Sammelt Ideen zu weiteren Abenteuern, und erzählt die Geschichte. Denkt am Schluß an den Auftrag, den Löffel bekommen hatte.

③ Zeichne oder schreibe ein Abenteuer. Hängt eure Abenteuer zu einer Geschichte zusammen.

Löffel unterwegs

Löffel und ein Riese
saßen auf der ___
Der Riese gab ihm ein Roß,
nun ritt er los zum ___.

Dem Roß gab er die Zügel,
schon waren sie auf
dem ___.

Ein Drache kam aus
grünem Klee, den schickte
er zum tiefen ___

① *Ergänzt die Reime. Die Merkwörter helfen.*

② *Welche Merkwörter kommen nicht vor? Erfinde damit neue Reime.*

③ Unsere Merkwörter

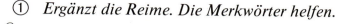

④ **Ausflug** 🐻

Wir fahren 🐻 aus der Stadt hinaus, 🐻
über Hügel und Berge, 🐻 am Schloß vorbei, 🐻
durch Wälder, 🐻 über Wiesen, 🐻 zum See. 🐻
Wir sehen Boote 🐻 und riechen das Meer. 🐻
Da ist die Stadt. 🐻 Wir sind wieder zu Hause. 🐻

verwandte Wörter

| Berg |
| Hügel |
| Wald |
| Wiese |
| See |
| Meer |
| Boot |
| Schloß |
| Stadt |

⑤ *Suche zu den folgenden Namenwörtern verwandte Wörter, bei denen man das **g** gut hören kann.*
Berg, Ausflug, Tag, Flugzeug, König, Zug, Weg.
Berg – Berge

⑥ *Löffel kommt am See und am Meer vorbei. Suche in der Wörterliste drei weitere Wörter mit doppeltem Selbstlaut. Schreibe eine kleine Geschichte, in der alle fünf Wörter vorkommen.*

Aus Namenwörtern werden Wiewörter

der Hügel – hügelig, der Berg – , der Wald – 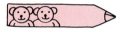,
der Sand – ___ , der Sumpf – ___ , der Stein – ___

⑦ *Bilde zu den Namenwörtern verwandte Wiewörter. Kreise ein, was bei den Wiewörtern gleich ist.*

78
Am Kanal nimmt die „Santa Monica" dich mit. Du darfst drei Felder vorrücken.

24
Am Kaisergarten haben die Ziegen Junge bekommen. Du schaust lange zu. Einmal aussetzen oder vier Felder zurück.

78
Im Sterkrader Wald hast du dich verlaufen. Du mußt einmal aussetzen.

94
Am Bahnhof steigst du in den falschen Zug. Du mußt zurück bis auf Feld 50.

10
Im Stadion gewinnt Rot-Weiß mit fünf Toren. Du darfst fünf Felder vorrücken.

Ein Stadtspiel

① Erfindet für euren Ort auch so ein Spiel. Geht dabei so vor:
- Überlegt, welche Besonderheiten es in eurem Ort gibt.
- Stellt ein großes Spielfeld her.
- Schreibt Aufgabenkarten zu den besonderen Feldern.
- Legt die Spielregeln fest.

Zahl
würfeln
anfangen
Aufgabe
richtig
Glück
gewinnen
dürfen
darf

① Unsere Merkwörter

②

③ **Spielregel** 🐻

Ihr müßt 🐻 der Reihe nach würfeln. 🐻
Wer die meisten Augen hat, 🐻 darf anfangen. 🐻
Wenn ihr auf ein Feld 🐻 mit roter Zahl kommt, 🐻
dürft ihr eine Aufgabe lösen. 🐻
Wer alles richtig macht 🐻
und Glück hat, 🐻 gewinnt. 🐻

Kein Würfeltrick

Das ist keine Zauberei:
⚀ plus ⚅ , ⚁ plus ⚄ , ⚂ plus ⚃ ,
sieben sind es immer,
acht sind es nimmer.

④ Schreibe den Text mit Zahlwörtern auf.
Die Wörterliste (ab Seite 112) hilft dir.

⑤ Schreibe alle Zahlwörter von 1 bis 10 auf.

Sieben Riesen

Liegen sie auf feuchten Wiesen,
müssen sieben Riesen niesen.

⑥ Wer kann den Vers von den sieben Riesen
auswendig ohne Fehler aufschreiben?

4 Überall Verkehr

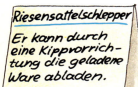

Riesensattelschlepper
Er kann durch eine Kippvorrichtung die geladene Ware abladen.

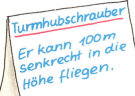

Turmhubschrauber
Er kann 100 m senkrecht in die Höhe fliegen.

Notarztwagen
Er hat alles dabei, was der Arzt braucht, um Verletzte sofort zu behandeln.
90 PS, 4 Zylinder, 110 km in der Stunde.

Eine Ausstellung mit Fahrzeugen

① Bringt Fahrzeuge mit, und berichtet darüber.

② Schreibt Hinweiszettel für die Fahrzeuge.

③ Die Fahrzeuge mit den Hinweiszetteln könnt ihr zu einer Ausstellung nutzen.

Verrückte Fahrzeuge

Riesen	Straßen	Kraft	Flitzer
Mini	Gelände	Motor	Mofa
Super	Zirkus	Transport	Flieger
Spitzen	Schienen	Sattel	Roller

"Mein superheißer, handbeschleunigter Allradantriebpuppenwagen mit sanfter Puppeneinschlafabfederung."

④ Erfinde mit den Namenwörtern sechs neue Fahrzeuge. Schreibe sie mit dem bestimmten Begleiter (der, die, das) auf.

⑤ Welches Wort bestimmt, ob du **der, die** oder **das** verwenden mußt? Unterstreiche es.

⑥ Zeichne ein verrücktes Fahrzeug. Schreibe dazu, was das Fahrzeug kann. Sammelt die Blätter an der Pinnwand oder in einem Hefter.

27

**Überall ist Verkehr –
auf dem Land, im Wasser, in der Luft**

① *Es gibt noch viel mehr Fahrzeuge.
Sammelt in drei Spalten die Namen von
allen Fahrzeugen, die ihr kennt.*

Fahrzeuge		
auf dem Land	im Wasser	in der Luft

② *Von den Land-Fahrzeugen gibt es
viele Sorten. Schreibe zu jeder Sorte
mindestens drei Fahrzeuge.*
Zweiräder: Roller, …
Schienenfahrzeuge: …
Autos: …
andere Fahrzeuge: Kranwagen, …

③ *Wie bewegen sich die Fahrzeuge?
Findet passende Tunwörter.*

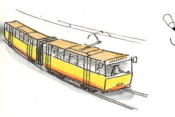

Wohin rattert die Straßenbahn?

① *Schreibe die Fahrzeuge von Seite 28 und die Satzteile oben auf Papierstreifen. Verwende dieselben Farben. Schreibe dann auf einen Papierstreifen* Wohin .

② *Lege Fragen mit den Namen der Fahrzeuge und dem Fragewort* Wohin .
Lege dann die Antwort als Aussagesatz. Welche Streifen mußt du anders legen?

③ *Schreibe einige Fragen und Antworten auf. Denke dabei an die richtigen Satzzeichen.*

④ *Alle Tunwörter haben eine Grundform. Schreibe bei jedem Tunwort von oben die Grundform. Kreise den Wortstamm ein, der gleichbleibt.*

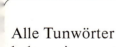

> Alle Tunwörter haben eine **Grundform.**
> So stehen sie auch in der Wörterliste: fahren, rollen ...

Ein Auto stinkt, brummt, quietscht, bremst, hält, steht, rostet.
Eine Autofahrerin lenkt, blinkt, winkt, tankt, dankt.

⑤ *Setze alle Tunwörter in die Grundform. Kreise den Wortstamm ein, und unterstreiche die Endung.*

Verkehr
Flugzeug
Feuerwehr
Schiff
Zug
Bahnhof
flitzen
stinken

① Unsere Merkwörter

②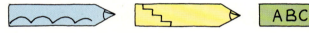

③ *Kreise bei den verwandten Wörtern von Aufgabe 2 alle **eh** und **ah** ein.*

④ **So ein Verkehr!** 🐻

Flugzeuge fliegen 🐻 über das Land. 🐻
Feuerwehren flitzen 🐻 hin zum Brand. 🐻
Schiffe fahren 🐻 auf dem Fluß. 🐻
Ein Auto schnell 🐻 zum Bahnhof muß. 🐻
Überall lärmt 🐻 und stinkt es sehr. 🐻
Nur der Zug, 🐻 der stinkt nicht mehr. 🐻

Eine Verkehrszählung

⑤ *Welche Fahrzeuge fahren dort, wo ihr wohnt?
Ihr könnt sie zählen. Überlegt zuvor:*
- *Wo wollt ihr zählen?*
- *Wann wollt ihr zählen?*
- *Welche Fahrzeuge wollt ihr zählen?*
- *Wer zählt welche Verkehrsteilnehmer?*

⑥ *Die Ergebnisse könnt ihr in eine Liste eintragen.*

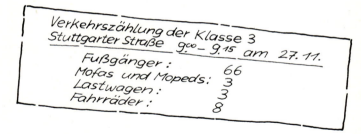

Hier ist ein Unfall passiert

Die Leute reden durcheinander.
Einige berichten, was sie beobachtet haben.
Einige vermuten, was passiert ist.
Einige schimpfen.

Hier wird berichtet:
Hier wird vermutet:
Hier wird geschimpft:

① Unterscheidet, was die Leute tun.

② Schreibe ein oder zwei Beispiele auf.

③ Schreibe in der richtigen Reihenfolge auf, wie es wohl zu dem Unfall kam.

④ **Rollenspiel: Der Polizist befragt die Zeugen**

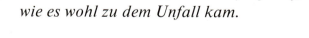
Rollenspiel

Wer spielt alles mit?
Wie kann der Polizist herausbekommen,
was geschehen ist?

Unfall auf der Arnostraße

Gestern morgen streifte ein Lastwagen auf der Arnostraße ein Kind mit seinem Fahrrad. Der Junge schob gerade sein Fahrrad über den Zebrastreifen. Das Kind blieb unverletzt. Das Fahrrad hat nur noch Schrottwert.

Der Reporter mußte genau wissen, was geschehen war:

Wann passierte etwas? **Wer** war beteiligt?

Wo passierte es? **Was** passierte?

① Schreibe die vier Fragen auf, und beantworte sie mit Teilen des ersten Satzes der Zeitungsmeldung.
Wann passierte etwas?
Gestern morgen

② Arbeite genauso mit dem zweiten oder dritten Satz des Zeitungsausschnittes. Nicht auf alle Fragen erhältst du eine Antwort.

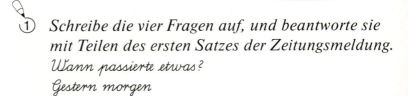

③ Untersuche ebenso eine kurze Meldung in der Tageszeitung.

Noch einmal gutgegangen!

④ Auf welche Reporterfragen antworten die Zettel?

⑤ Schreibe mit Hilfe der Zettel vom Rand eine Zeitungsmeldung über einen Beinahe-Unfall.
Glück im Unglück hatte gestern abend ...

Beobachtungen und Vermutungen

- Viele Leute **beobachten** den Unfall.
  Sie teilen die **Beobachtung** der Polizei mit.
- Viele Leute **vermuten**, wie es zu dem Unfall kam. Sie sprechen über ihre **Vermutungen**.
- Der Junge **verletzte** sich. Der Arzt sieht sich die **Verletzung** an.

① *Immer zwei fettgedruckte Wörter sind miteinander verwandt. Wie unterscheiden sie sich?*

② *Schreibe die verwandten Wörter auf: das Tunwort in der Grundform wie in der Wörterliste, das Namenwort mit bestimmtem Begleiter. Kreise immer den Wortstamm ein, der gleichbleibt.*

③ *Bilde ebenso verwandte Namenwörter zu:* erklären, prüfen, retten, melden, beschimpfen, erzählen, meinen, verbessern, überarbeiten.

④ Unsere Merkwörter

⑤

⑥ **Ein Unfall**

Zwei Kinder fahren Rad. Sie gucken nicht auf die Straße. Da passiert es! Sie stürzen und verletzen sich. Ein Kind hat sich den Arm gebrochen, vermutet eine Frau. Sie berichtet von ihren Beobachtungen.

 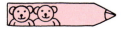

Unfall
beobachten
Beobachtung
berichten
vermuten
verletzen
stürzen
passieren
gucken

5 Bleib gesund!

Bescheinigung für die Schule

Der Schüler/die Schülerin
Robert Schill
konnte/kann wegen Krankheit
am/vom 1.10. bis 15.10.

☐ die Schule nicht besuchen

27.9.95
Datum   Stempel und Unterschrift

Sehr geehrter Herr Blunk!
Wegen einer Bronchitis darf Bianca heute leider nicht schwimmen.
Mit freundlichen Grüßen
Ch. Baumm
Oberhausen, den 16.11.91

Ich war einmal krank

① *Erzählt und schreibt, wie ihr einmal krank wart.
Die Erzählkarten können helfen.*

Erzählkarten

② Morgens war der Husten schlimm,
mittags wurde er schlimmer,
abends war er am schlimmsten.
*Hier vergleicht der Erzähler.
Mit welchen Wörtern vergleicht er?*

Wiewörter

③ *Setze auch diese Wiewörter ein, und laß
den Erzähler vergleichen:* heftig, stark.

④ Unsere Merkwörter

⑤

| krank |
| gesund |
| Schmerzen |
| Fieber |
| Hals |
| Husten |
| Bett |
| Arzt |
| Ärztin |

⑥ **Maria ist krank**

Sie hat Husten, Halsschmerzen und Fieber.
Sie liegt im Bett. Die Ärztin kommt.
Sie untersucht Maria und lacht.
Bald wird Maria wieder gesund sein.
Sie freut sich schon auf die Schule.

⑦ *Fieber schreibt man mit* **ie**. *Sicher hattest du
auch schon einmal Fieber. Schreibe etwas
darüber, und benutze dabei möglichst viele Wörter
mit* **ie**: liegen, frieren, wieder, lieber, viel...

⑧ *Suche in der Wörterliste 10 weitere Wörter mit* **ie**.

GRUPPE 1 Lebensmittel besorgen

GRUPPE 2 Geräte mitbringen

GRUPPE 3 Getränke mitbringen

GRUPPE 4 Tische decken

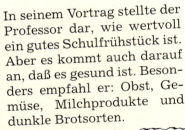

In seinem Vortrag stellte der Professor dar, wie wertvoll ein gutes Schulfrühstück ist. Aber es kommt auch darauf an, daß es gesund ist. Besonders empfahl er: Obst, Gemüse, Milchprodukte und dunkle Brotsorten.

Ein gesundes Frühstück

① Wie könnte ein gesundes Schulfrühstück aussehen?

② Zu einem gesunden Schulfrühstück gehören:
Obst: Äpfel, ...
Gemüse: Gurke, ...
dunkles Brot: Roggenbrot, ...
Milchprodukte: Joghurt, ...

Ich gehöre zur Gruppe 1.
Ich besorge eine Gurke und vier Scheiben Vollkornbrot.

③ Was müßt ihr besorgen, wenn ihr ein gesundes Frühstück machen wollt?

Wer bringt eine Gurke mit?
Ich trinke am liebsten Kakao.
Ich find' Kerzen auf den Tischen gut.
Haben wir genügend Besteck in der Schule?

④ Verteilt die Aufgaben und schreibt Notizzettel, damit ihr nichts vergeßt.

Ich gehöre zur Gruppe 2.
Ich bringe zwei Messer und zwei Brettchen mit.

⑤ decken – schmecken – lecken
Was ist bei diesen Tunwörtern gleich? Prüfe, ob der erste Selbstlaut kurz oder lang gesprochen wird.

⑥ decken, schmecken, lecken, wecken, necken, stecke
Mache unter den ersten Selbstlaut einen Punkt oder einen Strich. Kreise alle **ck** ein.

Frühstücksrezepte

① Sicher habt ihr gute Ideen für ein gesundes Frühstück. Schreibt die Rezepte auf, und heftet sie zu einem Buch zusammen.

| Frühstück |
| Milch |
| Messer |
| Teller |
| Tasse |
| Obst |
| Tee |
| waschen |
| essen |
| trinken |

② Unsere Merkwörter

③ **Mein Frühstück**

Ich wasche Milch und esse den Tee,
dann trinke ich Obst und Messer,
Teller und Tassen schneide ich klein,
das kann kein gesundes Frühstück sein!

④ **Was tue ich, was tut mein Vater?**

Zum Frühstück esse ich Müsli.
Mein Vater ißt lieber Brot.
Hier kommt zweimal das Tunwort **essen** vor.
Was fällt euch auf?

Tunwörter

Ich hab' einen Bärenhunger!

⑤ Welche Formen der Tunwörter gehören zusammen? Schreibe sie nebeneinander auf.
er ißt, sie mißt, er küßt, es muß, es paßt
messen, essen, passen, müssen, küssen
er ißt – essen

37

Jeder hat etwas zu tun

① *Beim gemeinsamen Frühstück in der Klasse hat jeder etwas zu tun.*
Male, was du gemacht hast.

② *Beschreibt mit Hilfe eurer Bilder, was ihr gemacht habt. Denkt daran*
- **wer** *auf dem Bild etwas macht,*
- **was** *das Kind macht.*

③ *Wer macht auf den Bildern was?*

④ *Schreibe zu jedem Bild einen Satz,*
- **wer** *auf dem Bild etwas macht,*
- **was** *jemand macht.*

⑤ *Unterstreiche in jedem Satz mit grünem Stift,*
wer *etwas macht.*
<u>Sandra</u> kauft eine Gurke.

⑥ *Schreibe solche Sätze auch zu den Bildern aus eurer Klasse.*
Unterstreiche wie in Aufgabe 5.
<u>Ich</u> habe Brot ...

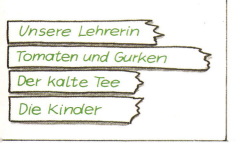

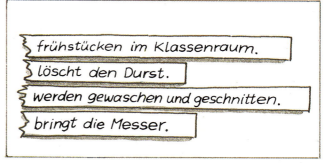

Auf die Wer-Frage antwortet ein Satzteil. Wir nennen ihn **Satzgegenstand**. Alles, was von ihm ausgesagt wird, nennen wir **Satzaussage**.

Was paßt zusammen?

① *Bilde mit den Satzgegenständen und den Satzaussagen vier Sätze.*

② *Unterstreiche die Satzgegenstände grün.*

③ *Wieviel Unsinnsätze kannst du mit den Satzgegenständen und den Satzaussagen bilden?*

Das kann doch nicht wahr sein!

Peter schmeckt gut zu gesunden Broten.

Unsere Lehrerin summt über dem Saft.

Eine kleine Wespe fährt mit dem Auto zur Schule.

Kalter Tee trägt seinen gebrochenen Arm in Gips.

Der Husten wärmt der kranken Lisa den Hals.

Ein Schal ist wieder schlimmer geworden.

④ *Schreibe zu jedem Satzgegenstand die richtige Satzaussage. Unterstreiche die Satzgegenstände grün.*

6 So ein Wetter!

Regenmaler – ein Spiel für die Regenpause

Spielregel

- Auf Kärtchen stehen Wörter.
- Der Regenmaler liest ein Wort.
  Er zeichnet am Projektor oder an der Tafel ein Bild dazu.
- Die anderen Kinder raten.
  Wer es rät, ist der nächste Regenmaler.

① *Sammelt Wörter für das Regenmaler-Spiel:*
Tiere, Figuren aus Comics oder aus dem Fernsehen, Wörter von der Schule, vom Essen und Trinken und so weiter.

② *Schreibt die Wörter auf Kärtchen,*
schreibt dazu die Wortart.
Beim Spiel muß immer die Wortart angesagt werden.

Teekesselchen – ein anderes Spiel

Manche Wörter haben zwei Bedeutungen.

Mein Teekesselchen ist aus Glas.
Mein Teekesselchen schmeckt weich am besten.
Mein Teekesselchen hängt von der Decke.
Mein Teekesselchen hängt am Baum.

Zwei Kinder erklären abwechselnd ihr Teekesselchen. Die anderen Kinder raten.

Weitere Teekesselchen-Wörter sind:
Schloß, Bank, Brille, Schalter, Blatt, Krone, Boxer, Löffel, Mutter ...

SONNE

REGEN

GEWITTER

NEBEL

WOLKEN

SCHNEE

STURM

WIND

Wir beobachten das Wetter

① *Könnt ihr das Wetterprotokoll lesen?*

② *Schreibe von fünf Tagen das Wetter in Sätzen auf.*
Am 1. April war regnerisches Wetter, und es war 15 Grad warm.

③ *Führt auch ein Wetterprotokoll. Reichen dazu die Zeichen aus? Wollt ihr neue Zeichen erfinden?*

④ *Woran merkt ihr, daß die Kinder von vergangenem Wetter sprechen?*

⑤ schneien, regnen, scheinen, frieren.
Schreibe die Tunwörter in der Grundform und in der Form, die die Kinder verwenden.

Grundform	Form für Vergangenheit
schneien	schneite

97 Tunwort

⑥ Bei Wind ist es windig.
Hier sind zwei Wörter miteinander verwandt. Zu welchen Namenwörtern am Rand kannst du verwandte Wiewörter bilden?
der Wind – windiges Wetter, ...

⑦ *Was fällt euch bei den Wiewörtern am Wortende auf?*

"Die Wetterkarte zeigt uns für morgen: Es bleibt kalt und windig mit Temperaturen um null Grad. Die weiteren Aussichten: eisiger Wind, Regen, in höheren Lagen Schnee."

"Heute bleibt das Wetter unverändert. Temperatur um null Grad. In der Nacht ziehen Wolken auf. Am Tag wird es im Flachland regnen. Der Regen kann auf den Straßen gefrieren. In höheren Lagen wird es schneien. Die Sonne wird kaum scheinen."

Und nun die Wettervorhersage für ...

Das Wetter

Heute: windig, kalt mit Eis und Schnee.

Morgen: weiter kalt und windig.

① *Welcher Wetterbericht ist am genauesten?*

② *Welche Wörter sagen etwas über das Wetter?*

③ *Schreibe die Wetter-Wörter auf.*

Namenwörter	Tunwörter	Wiewörter

 Tolles Wetter! – Doofes Wetter!

④ *Schreibe einen erfundenen Wetterbericht.*

⑤ Unsere Merkwörter

⑥  Wind

Wolke
Wetter
Wind
Regen
regnen
Sonne
scheinen
morgen

⑦ *Bei welchen verwandten Wind-Wörtern hört ihr, daß Wind am Wortende mit **d** geschrieben wird?*

⑧ *Suche zu den folgenden Namenwörtern verwandte Wörter, bei denen man das **d** gut hören kann.*
Kind, Freund, Hand, Schild, Lied, Rad, Bad, Band.
Kind – Kinder, ...

43

① **Regenwetter** 🐻

Graue Wolken 🐻 treibt der Wind. 🐻
Es regnet 🐻 seinen Lauf. 🐻
Doch morgen scheint 🐻 die Sonne wieder 🐻
und trocknet alles auf. 🐻

② **Der fliegende Robert**

*Auf dem Bild siehst du, wie Robert
mit dem Schirm in die Wolken fliegt.
Wie ergeht es ihm weiter?
Du kannst zeichnen oder schreiben.*

③ **Baue dir einen Regenmesser**

- ein Glas mit großer Öffnung besorgen
- einen Papierstreifen schneiden
- einen Meßstreifen zeichnen
- den Meßstreifen an das Glas kleben
- das Glas nach draußen stellen

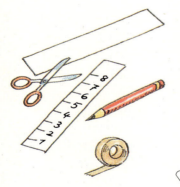

④ *Beschreibe, wie du einen Regenmesser baust.
Benutze dabei die Stichworte von oben.*
Ich besorge ein Glas...

⑤ *Wie unterscheidet sich deine Beschreibung
von den Stichwörtern von oben?*

⑥ *Unterstreiche in deinen Sätzen den
Satzgegenstand grün.
Er ist in allen Sätzen gleich.*

Für ein Windrad brauchst du:
dickes Papier 12 x 12 cm
eine Schere
einen Bleistift
ein Lineal
eine Stecknadel
zwei Perlen
einen Stock

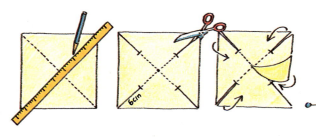

Ein Windrad für windige Tage

① *Beschreibt, wie ein Windrad gebaut wird.
Diese Wörter helfen:*
Diagonale, zeichnen, Mittelpunkt, Ecken,
einschneiden, innen, umbiegen, durchstechen.

② Unsere Merkwörter

③ **Ganz schön stürmisch** 🐻

Manchmal wird der Wind 🐻 zum Sturm. 🐻
Er stürmt durch die Straßen, 🐻 hebt alles hoch, 🐻
reißt Ziegel herunter. 🐻 Dann läßt er nach. 🐻
Wo ist er geblieben? 🐻

④ Am Montag war das Wetter stürmisch.
Am Dienstag war es noch stürmischer.
Gestern war es aber am stürmischsten.
Mit welchen Wörtern vergleicht der Erzähler?

⑤ *Setze auch diese Wiewörter ein,
und laß den Erzähler vergleichen:*
kalt, toll, schlecht, windig, sonnig.

| Sturm |
| stürmisch |
| manchmal |
| werden |
| durch |
| hoch |
| ganz |
| herunter |
| nach |
| alles |
| reißen |

7 Naturfreunde

Luft ist Leben

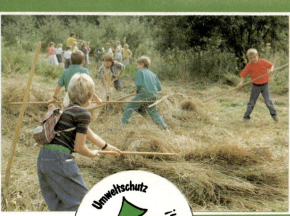

Umweltschutz – Heute schon an morgen denken!
Der Bundesminister des Innern

Vorsicht Nest – Ruhe!

Boden mit Regenwürmern
Der Regenwurm macht die Erde locker, dann können die Pflanzen besser wachsen.

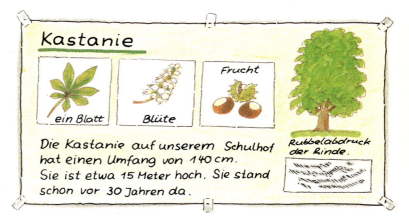

Baumplakate

① Sammelt Blätter, Früchte und Abdrücke.
Ihr könnt Bäume zeichnen, Blätter aufkleben, Früchte abzeichnen, Rinde und Blätter abrubbeln.

② Schaut euch eure Blätter genau an.
Beschreibt sie mit den passenden Begriffen.

③ **Ratespiel**

④ Warum nennt man eine Blattform handförmig?

⑤ Im Wiewort **handförmig** steckt das verwandte Namenwort **die Hand**. Suche zu diesen Wörtern verwandte Namenwörter: gelappt, eiförmig, gefingert, gesägt, gewellt, gezähnt, gekerbt.

⑥ Blatt, Rand, Zahn, Frucht, Ast, Gras, Stamm.
Schreibe diese Namenwörter in der Einzahl und in der Mehrzahl. Was fällt dir auf?

Kinder bei der Arbeit

	entdecken	Ameisen	unter einem Stein.
Ich	schreibe	Pflanzen	im Garten.
Wir	sammle	Schilder	für den Schulhof.
	klebe	verschiedene Blätter.	
	pflegen	Blätter	auf Papier.
	pflanzen	einen kleinen Haselstrauch.	

① Schreibe sechs Sätze, so daß jedes Tunwort einmal vorkommt.

Kinder nach der Arbeit

Nach ihrer Arbeit berichten die Kinder, was sie getan haben.

② Vergleicht, was die Kinder bei ihrer Arbeit gesagt haben und was sie danach berichten. Was hat sich an den Tunwörtern geändert? Warum hat sich das geändert?

> Tunwörter können die **Zeit** angeben, in der etwas geschieht.

③ Schreibe die sechs Sätze von Aufgabe 1 so, daß nun die Kinder nach der Arbeit berichten. Unterstreiche die Tunwörter.

97 Tunwörter

 Bildet solche Sätze von eurer Arbeit.

| leben |
| entdecken |
| sammeln |
| aufstellen |
| kleben |
| pflegen |
| pflanzen |
| schützen |

① Unsere Merkwörter

②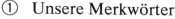

③ **Anna sammelt Blätter von Bäumen**

Sie entdeckt sieben Formen.
Sie klebt die Blätter auf Pappe.
Anna möchte einmal einen Baum pflanzen.
Wenn Bäume gepflegt und geschützt werden,
können sie lange leben.

Wörter mit Pfl oder pfl

Pflanze, gepflegt, Pfläumchen, verpflanzen,
gepflückt, gepflanzt, Pfleger, Pflaumenkuchen,
Pflücker, Pflaumenbaum, Pflege, Pflückerin

④ *Ordne den folgenden Wörtern ihre verwandten
Wörter zu: pflanzen, pflegen, pflücken, Pflaume.*

In unserer Buche hat schon oft ein Amselpaar ein Nest gebaut. Das Weibchen hat meistens vier bis fünf Eier gelegt. Zwei Wochen später sind vier junge Amseln geschlüpft. Das Weibchen hat gefüttert, das Männchen hat immer dabei geholfen.

27. März: Das Amselpaar baut ein Nest.
Anfang April: Das Weibchen legt vier Eier.
23. April: Vier junge Amseln schlüpfen. Das Weibchen füttert die Jungen. Das Männchen hilft dabei.

⑤ **Ein Amselnest**

Vergleicht den Zettel der Kinder mit dem, was der Hausmeister erzählt.
Was fällt euch bei den Tunwörtern auf?

⑥
Grundform	Gegenwart	Vergangenheit
füttern	sie füttert	sie hat gefüttert

Da kommt plötzlich ein großes Tier auf mich zu ...

Da kam plötzlich ein großes Tier auf mich zu ...

Da ist plötzlich ein großes Tier auf mich zugekommen ...

Einmal war ich so klein wie ein Daumen ...

① Erzählt im Erzählkreis.
Jeder erzählt einige Sätze lang.
Einer beginnt, der Nachbar oder die Nachbarin erzählt weiter ...
Damit jeder weiß, wer erzählt
und wann der nächste erzählen soll,
kann der Erzähler etwas in der Hand halten,
zum Beispiel die Erzählmaus aus Stoff.

Dreimal dasselbe?

② Vergleicht, wie die drei Kinder am Rand erzählen.

③ Wie macht ihr es bei euren Erzählungen?
Schreibt Beispiele auf, und vergleicht
die Formen der Tunwörter
mit den Beispielen am Rand.

Ein Bild – viele Geschichten

Die Einleitung erzählt, wie jemand ganz klein wurde, der Schluß, wie er oder sie wieder groß wurde. Hier sind Ideen für Erzählkarten:

① Erzählt die Geschichte mit diesen Erzählkarten.

② Die Geschichte kann auch ganz anders verlaufen. Tauscht die dritte Erzählkarte aus, erzählt weiter.

Erzählkarten 91

③ Schreibe deine Geschichte auf.

51

Da fiel ich in ein Loch und konnte nicht mehr raus. Ich rief laut um Hilfe.

Mit Wiewörtern kann man vergleichen:
klein – kleiner – am kleinsten.
Wir nennen diese Formen **Vergleichsformen.**

| kleiner |
| am kleinsten |
| größer |
| am größten |
| stark |
| stärker |
| am stärksten |
| schwach |
| schwächer |
| am schwächsten |

① Ihr könnt zu dem Bild von Seite 50 auch ganz andere Geschichten erzählen:
- Mein Erlebnis mit dem Goldkäfer
- Die große Katze auf der Urwaldwiese
- Meine Grashütte

② Wer ist kleiner? Wer ist am schnellsten?
Vergleicht das Kind mit den Tieren auf dem Bild.
Verwendet diese Wiewörter:
schnell, langsam, stark, schwach, dick, dünn.

③ Bilde zu den Wiewörtern in Aufgabe 2 die Vergleichsformen.
klein – kleiner – am kleinsten, ...

④ Vergleiche mit Vergleichsformen das Kind, die Maus und einen Käfer.
Schreibe sechs Sätze oder mehr.

⑤ Wenn nun die Katze dazukommt? Vergleiche.

⑥ Unsere Merkwörter

⑦ **Wer ist am stärksten?**

Wer ist größer, wer ist am größten?
Wer ist kleiner, wer ist am kleinsten?
Wer ist schwächer, wer ist am schwächsten?
Oft vergleichen Menschen sich.
Mir ist wichtig: ich bin ich.

⑧ *Einmal war ich so winzig wie ein Daumen ...*

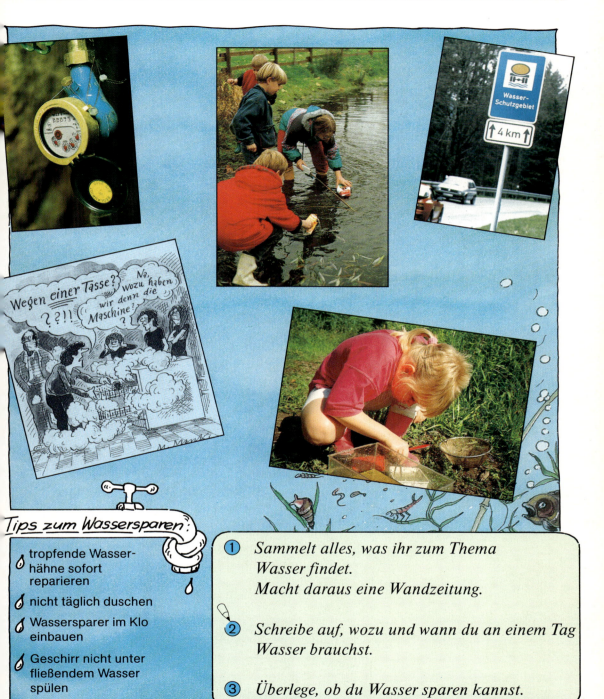

Tips zum Wassersparen

- tropfende Wasserhähne sofort reparieren
- nicht täglich duschen
- Wassersparer im Klo einbauen
- Geschirr nicht unter fließendem Wasser spülen

① Sammelt alles, was ihr zum Thema Wasser findet.
Macht daraus eine Wandzeitung.

② Schreibe auf, wozu und wann du an einem Tag Wasser brauchst.

③ Überlege, ob du Wasser sparen kannst.

8 Es war einmal

① **Das Märchen vom dicken, fetten Pfannkuchen**

Sicher habt ihr dieses Märchen in eurer Märchensammlung. Märchenerzählen kann man lernen:
- Das Märchen ist in mehreren Bildern und Schritten erzählt. Wie beginnt es (Einleitung), wie endet es (Schluß)?
Zeichnet die Bilder auf Erzählkarten, schreibt auf die Rückseiten die wichtigsten Wörter.
- Einer oder eine von euch erzählt das Märchen. Der Erzähler zeigt den Zuhörern das Bild. Die Wörter auf der Rückseite helfen, richtig zu erzählen.
- Es können auch mehrere Kinder erzählen.

② **Märchen aus der Streichholzschachtel**

Als Wolf mußt du fast so tief wie ein Bär sprechen!

Wer ist gemeint?

„Er wartete ungeduldig. Da sagte er zu ihm: ,Hole sie herein, ich will wissen, ob sie schon fertig sind.' Er holte sie, und sie erzählten wie schön es würde. ..."

① Was ist an der Erzählung nicht verständlich?

② Es kommen vor: der Kaiser, der Diener, die beiden Weber, das neue Kleid.
Setzt die Wörter an den passenden Stellen ein, damit die Erzählung verständlich wird.

„Er" bin ich nie, ich bin immer „sie"

③ Welche Wörter hast du ersetzt?
Ich habe das Wort *er* durch *der Kaiser* ersetzt.

Der hat ja gar nichts an!

④ Seht **ihr ihn**? **Er** ist ja ganz nackt!
Sie wollten **ihn** betrügen, und das ist **ihnen** gelungen. **Wir** müssen es **ihm** sagen.
Es kommen vor: **der Kaiser, die Zuschauer, die beiden Weber**. Für diese Namenwörter wurden im Text Fürwörter verwendet, die fettgedruckt sind.
Wißt ihr immer, wer gemeint ist?

⑤ Schreibe auf, für welche Namenwörter die Fürwörter stehen.
ihr – die Zuschauer

⑥ Schreibe alle Fürwörter mit der Buchstabenfolge **ih** ins ABC-Heft.

> Namenwörter können durch **Fürwörter** ersetzt werden.
> Zum Beispiel: ich, du, er, sie, es, wir, ihr, sie.

Ein Märchenspiel: Hänsel und Gretel

Am Rande eines großen Waldes wohnte ein armer Holzhacker mit seiner Frau und seinen zwei Kindern. Das Bübchen hieß Hänsel und das Mädchen Gretel. Sie hatten wenig zu beißen, und einmal, als große Teuerung ins Land kam, konnte der Vater auch das tägliche Brot nicht mehr herbeischaffen.

Da sagte er: „Was soll in dieser schlechten Zeit aus uns werden?"

Die Stiefmutter antwortete: „Wir müssen die Kinder fortschicken!"

Der Holzhacker jammerte: „Wir können sie doch nicht in den Wald schicken und den wilden Tieren überlassen!"

Doch seine Frau sprach: „Du Narr, sonst müssen wir alle verhungern!"

① *Spielt die Szene.*
Was sagen Hänsel und Gretel,
nachdem sie das Gespräch gehört haben?

Die **wörtliche Rede** wird in **Redezeichen** gesetzt. Oft steht vor der wörtlichen Rede ein **Begleitsatz**, in dem man erfährt, wer redet. Nach dem Begleitsatz steht ein **Doppelpunkt**.

② *Schreibe das Gespräch von Vater und Stiefmutter ab.*
Schreibe den Begleitsatz und die wörtliche Rede.
Denke an den Doppelpunkt und die Redezeichen.

③ *Schreibe auch ein Gespräch von Hänsel und Gretel*
auf. Du kannst dir auch etwas ausdenken,
was sie gesagt haben könnten.
(Ein Tip: Statt **sagen** *kannst du hier auch andere*
Tunwörter verwenden: antworten, flüstern,
jammern, klagen, wispern, weinen.)

Märchensprache – alte Sprache

Vorzeiten lebten ein König und eine Königin, die sprachen jeden Tag: „Ach, wenn wir nur ein Kind hätten." Da versprach ein Frosch der Königin, daß ihr Wunsch übers Jahr in Erfüllung gehen solle.
Und ehe ein Jahr verging, gebar die Königin ein Mädchen, das war so schön, daß der König ein Freudenfest gab.

- Die gute Fee trat ein und verhieß...
- Das Wämslein kleidete ihn gut.
- Da ward ihm bange ums Herz.
- Immer war ihm das Glück hold...
- So ging es den lieben langen Tag.
- Da war des Jammerns kein Ende.

① Woran erkennt ihr, daß hier aus der fernen Vergangenheit erzählt wird?

② In Märchen wird oft in alter Sprache erzählt. Was ist mit den Sätzen am Rand gemeint?

③ Sucht in Märchen alte Sprache.

④ Übersetze alte Sprache in heutige Sprache.

⑤ **Unsere Merkwörter**

⑥ Märchen

Märchen
Leute
Schatz
Hexe
Gold
mutig
Wunsch
Fest
Freude

⑦ **Ein kurzes Märchen** 🐻

Die Leute hatten 🐻 einen Schatz. 🐻
Eine Hexe 🐻 wollte das Gold haben. 🐻
Zum Glück 🐻 konnte ein mutiges Mädchen 🐻
das Hexenbuch stehlen. 🐻 🐻
Dafür hatte es 🐻 einen Wunsch frei. 🐻
Es wünschte sich 🐻 ein Fest für alle. 🐻
Da war die Freude groß. 🐻

Diese Inschrift steht über der Tür des Hauses 14 in der Grabenstraße. Anno Domini ist lateinisch und heißt: im Jahre des Herrn.

Etwa zehn Minuten von der Schule entfernt steht die Kroneiche. Sie ist ein Naturdenkmal. Es ist einer der ältesten Bäume von Deutschland.

Wir waren am Kastell Holten. Frau Pietryga hat uns viele Fragen beantwortet. Das Kastell ist etwa 800 Jahre alt. Damals wohnten hier Grafen. Dann war es ganz lange eine Ruine. Die Frauen und Männer von Holten haben es wieder aufgebaut.

Die Straße hinter dem Dorfplatz heißt:

Früher war hier ein richtiger Brunnen. Da haben alle Leute ihr Wasser geholt, weil es noch keine Wasserleitung gab.

Jeder Ort kann von früher erzählen

① Findet bei euch etwas, das von früher erzählt. Versucht, mehr darüber zu erfahren.

② Malt und schreibt auf, was ihr herausgefunden habt. Macht daraus einen Aushang, ein Buch oder einen Ortsführer.

9 Hast du Zeit?

Mein Tag

① Schreibe einen Tag lang auf,
was du alles machst.

> Mein Dienstag, 14. März
>
> 7.00 Uhr   Papa weckt mich, aufstehen
>   anziehen, frühstücken
> 7.40 Uhr   Cornelia holt mich ab,
>   zur Schule
> 8.15 Uhr   Zwei Stunden im Schwimmbad

② Vergleicht in der Klasse:
  • Was war bei allen Kindern ähnlich?
  • Was war bei dir besonders?

Notizen machen

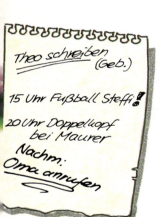

Theo schreiben (Geb.)
15 Uhr Fußball Steffi!
20 Uhr Doppelkopf bei Maurer
Nachm.: Oma anrufen

Dorothea Kleber + Schere mitbringen
16 Uhr zu Timo
Ricardo 9 Uhr Schu.
14 Uhr mit Mami i.d. St.
→ 17 Uhr Judo

Montag

Heute war es schon morgens doof. Frau Schuster war krank. Wir hatten Vertretung. Hoffentlich ist sie morgen wieder da !!!
Nachmittags war ich allein zu Haus. Ich hab Nico und Nicole angerufen. Keiner da. Ganz schön langweilig! Gleich kommen Mami und Papi. Vielleicht spielen sie abends noch mit mir?

③ Vergleicht eure Texte über euren Tag
mit diesen Texten.
  • Könnt ihr alle Texte verstehen?
  • Wer hat die Texte wohl geschrieben?
  • Warum wurden sie wohl geschrieben?

Mein Hobby

① *Kennst du die Hobbys, die die Kinder auf den Bildern haben? Wer in der Klasse weiß etwas darüber und kann erzählen?*

② *Stellt euch gegenseitig eure Hobbys vor. Ihr könnt etwas dazu mitbringen und erzählen.*

③ Manche Hobbys kann man nicht zu Hause betreiben. Dazu gehen Kinder in einen Verein, in eine Musikschule, in die Bücherei oder woanders hin.
Tragt solche Hobby-Orte in eine Karte ein:
- Hobby und Ort auf einen Zettel schreiben
- Zettel an den Rand der Karte hängen
- Zettel mit dem Ort auf der Karte mit einem Faden verbinden

④ Stelle dein Hobby in einem Text vor. Denke dabei an folgende Fragen:
- Wie heißt das Hobby und was mache ich dabei?
- Wieviel Zeit verbringe ich damit?
- Was kostet es?
- Was gefällt mir besonders daran?

Was gefällt dir an deinem Hobby?

Wieviel Zeit verbringst du mit deinem Hobby?

Kostet dein Hobby Geld?

Wo muß man sich anmelden?

Texte über Hobbys – zwei Entwürfe

R besonders — Meine Hobbys sind Pferde
Ich mag besoders Pferde. Ich sammle Fotos von Pferden. Ich lese Pferdebücher. Ich habe einige Bücher über Pferde auch
R möchte — selber. Ich möchte am liebsten ein eigenes Pferd haben. Martina

Hobby Fußball
R liebsten — Ich spiele am liebsten Fußball. Ich bin auch im Verein.

① Bei diesen Entwürfen hat die Lehrerin nur die Rechtschreibfehler korrigiert.
• Was gefällt dir an den Texten?
• Was können die Kinder noch verbessern?
Prüfe auch mit den Hinweisen
von der vorigen Seite in Aufgabe 4.

Hobby (engl.) — Liebhaberei
– Steckenpferd
– Freizeitbeschäftigung

② Wähle einige Kinder,
die dich bei deinem Hobby-Text beraten.
Du liest ihn vor, die Partnerinnen und Partner
sagen, was ihnen gefällt und was du
noch verbessern kannst.

③ Überarbeite deinen Text,
und gib ihn deiner Lehrerin oder
deinem Lehrer zur Korrektur.

④ Zum fertigen Text kannst du
ein Bild zeichnen oder ein Foto kleben.
Sammelt die Texte in einem Hobby-Buch.

ball - Brief - Com - do - Flö - Fuß -
Ju - ken - mar - pu - te - ter

① *Wenn du die Silben richtig zusammensetzt, erhältst du fünf Namenwörter, die etwas mit Hobbys zu tun haben.*
(**Tip:** Silben aufschreiben und ausschneiden, Wörter zusammenpuzzeln)

② *Mit den folgenden Wörtern kannst du selber Silbenrätsel herstellen.*

| Hobby |
| Computer |
| Kassetten |
| Musik |
| Sport |
| Fußball |
| basteln |
| tauschen |
| vielleicht |
| selbst |

③ Unsere Merkwörter

⑤ **Viele Hobbys**

Viele Kinder spielen mit Puppen
oder mit Computern.
Sie basteln, lesen, sehen fern
und tauschen Kassetten.
Vielleicht machen sie auch selbst Musik.
Viele treiben Sport und spielen Fußball.

Spielplatz Schulhof

Einige Kinder spielten.
Der Ball flog.
Der Hausmeister notierte sich.
Die Schulleiterin holte.

① Was ist hier wohl passiert?

② Was fehlt in den Sätzen?

③ Ergänze in den vier Sätzen die Satzaussagen mit Satzteilen vom Rand.

④ Unterstreiche in den erweiterten Sätzen die Satzgegenstände grün.
<u>Einige Kinder</u> spielten gestern nachmittag ...

⑤ Wo könnt ihr ohne Gefahr spielen?
Was spielt ihr dort?

⑥ Markiert in einem Plan vom Schulbezirk die Orte, an denen ihr draußen spielt.
Dazu könnt ihr:
- die Art der Spiele auf Kärtchen schreiben
- zu jedem Spiel dazuzeichnen:
  ☺ für: ohne Gefahr spielen
  ☹ für: etwas gefährlich
- Kärtchen an den Rand des Plans hängen
- Kärtchen und Orte auf dem Plan durch Fäden verbinden

Spielplatz Ottostraße

3 Schaukeln, 1 Sandkasten, 1 Klettergerüst.

Altersgruppe: 6 – 12, manchmal auch älter.

Benutzung: Die Schaukeln werden viel benutzt. Oft muß man lange warten, bis man drankommt.

Gefährlichkeit: Im Sandkasten liegen Glassplitter.

Vorschläge: Es müßten mehr verschiedene Spielgeräte da sein.

Wir testen Spielplätze

1. *Untersucht die Spielplätze in eurem Stadtteil.*
   - *Ihr könnt Beurteilungen über die einzelnen Spielgeräte schreiben.*
   - *Ihr könnt eine Zeichnung vom Spielplatz machen und dazu eine Bewertung des ganzen Spielplatzes schreiben.*

2. *Was würdet ihr verbessern? Schreibt eure Vorschläge auf, und zeichnet sie.*

Tips für die Freizeit

3. *Eure Arbeiten könnt ihr in einer Freizeit-Zeitung oder einer Wandzeitung zusammenstellen.*

Zeit-Wörter

Heute ist heute.
Ein Tag davor war ____ ,
noch ein Tag davor war ____ . Heute ist heute.
Ein Tag danach wird ____ sein,
noch ein Tag später ____ .

① *Trage die richtigen Zeit-Wörter ein:*
gestern, morgen, vorgestern, übermorgen

An meinem ____ Geburtstag bekam ich …
Zu meinem ____ Geburtstag wünsche ich mir …

② *Trage ein:* **nächsten, letzten,** *und ergänze.*

Ich stehe ____ auf und gehe zur Schule,
____ ist die Schule aus,
____ mache ich Hausaufgaben,
____ gehe ich ins Bett,
____ schlafe ich tief und fest.

③ *Trage ein:*
mittags, morgens, abends, nachts, nachmittags

| übermorgen |
| vorgestern |
| nächster |
| letzter |
| morgens |
| mittags |
| nachmittags |
| abends |
| nachts |

④ Unsere Merkwörter

⑤

⑥ **An jedem Tag** 🐻
An jedem Tag 🐻 ist einmal morgens, 🐻
einmal mittags, 🐻 nachmittags 🐻
und abends 🐻 und einmal nachts. 🐻
Das war vorgestern so 🐻 und am letzten Tag, 🐻
das wird am nächsten Tag so sein 🐻
und übermorgen auch. 🐻

10 Hast du das gesehen?

Meine Lieblingssendung ist Pippi Langstrumpf. Mir gefallen die Filme so gut, weil Pippi so lustig aussieht und viele tolle Streiche macht.

Mir gefallen die Sportsendungen am besten, weil ich selbst Fußball spiele. Da erfahre ich viel über Fußball.

Ich freue mich immer auf die Show "Der große Preis", weil ich die zusammen mit meinen Eltern ansehe. Ich finde...

Wetterbericht
Nachrichten
Kriminalfilm
Musiksendung
Zeichentrickfilm
Showsendung
Wildwestfilm
Spielfilm
Ratespiel
Kinderfilm
Fernsehfilm
Puppenspiel
Politische Sendung
Magazinsendung
Sportsendung

① Was seht ihr besonders gern?
Gibt es Sendungen, die ihr nicht sehen dürft?

② Es gibt viele Arten von Fernsehsendungen.
Einige stehen am linken Rand.
Suche in Fernsehzeitschriften dazu Beispiele.
Gibt es noch mehr Arten?

Art der Sendung	Titel der Sendung
Zeichentrickfilm	Die schnellste Maus von Mexiko

③ Es gibt Fernsehsendungen, die sollen unterhalten.
Andere Sendungen sollen vor allem informieren.
Ordnet Sendungen den Oberbegriffen zu.
Sendungen zur Unterhaltung:
Sendungen zur Information:

④ Stellt eine Hitliste eurer Lieblingssendungen zusammen. Jeder hat zwei Stimmen.
Du kannst auch eine eigene Hitliste schreiben oder kleben.

senden – die Sendung

⑤ Schreibe zu jedem Tunwort ein passendes Namenwort. Kreise ein, was gleich ist.
melden, unterhalten, schalten, senden, werben, erzählen, zeichnen.

Jetzt und vorher

① Wer spricht von einer Sendung, die er jetzt sieht? Wer spricht von einer Sendung, die er vorher gesehen hat?

② An welchen Wörtern erkennt man, ob jemand von der Gegenwart berichtet oder von der Vergangenheit erzählt?

③ Schreibe in Sätzen auf, die mit **Ich** oder **Wir** beginnen, was du gestern oder vorgestern gemacht hast.

④ Unterstreiche die Wörter, an denen man die Vergangenheit erkennt.

Tunwörter

⑤ Schreibe vier Tunwörter aus der Aufgabe 3 und 4 in der Vergangenheitsform mit dem Fürwort auf, und ergänze die Grundform.

Vergangenheit	Grundform
ich habe gesehen	sehen
wir fanden	finden

Roboter Robo

Gestern sah ich im Fernsehen eine neue Serie. Es war die Geschichte vom Roboter Robo. Er war aus einer Fabrik weggelaufen und spaziert nun in der Stadt herum. Hier traf er zwei Kinder. Die spielen mit ihm.

Zeit
Zeit

Zeit: Du erzählst in der Vergangenheit. Zweimal verwendest du aber das Tunwort in der Gegenwart. Nimm auch hier die Vergangenheit.

⑥ Überarbeite den Text.

Unsere Fernsehkritik

Titel und Datum der Sendung: …
Art der Sendung: …

Inhalt: Worum geht es in der Sendung?
Beurteilung: Was hat dir gut gefallen?
Was hat dir nicht gefallen?
Empfehlung: Wem kannst du die Sendung empfehlen?

① Vereinbart eine Fernsehsendung, die alle ansehen können, und sprecht danach über die Fragen. Habt ihr unterschiedliche Meinungen?

② Schreibe eine Fernsehkritik. Die Stichworte und Fragen oben auf der Seite helfen dir dabei.

③ Untersucht das Kinderprogramm einer Woche. Vielleicht schreibt ihr sogar eure Meinung an den Sender.

④ Unsere Merkwörter

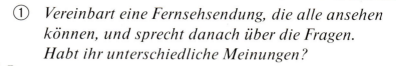

⑤

⑥ **Fernsehen** 🐻

Im Fernsehen gibt es 🐻 Sendungen und Filme 🐻 zur Unterhaltung 🐻 und zur Information. 🐻
Wir untersuchen sie. 🐻
Einige informieren 🐻 und unterhalten uns gut. 🐻
Bei anderen schaltet man 🐻 den Fernseher 🐻 am besten ab. 🐻

 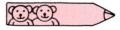

Fernseher
Fernsehen
Sendung
Film
schalten
Unterhaltung
informieren
Information
untersuchen
am besten

Fernsehfilme aus dem Karton

So könnt ihr Fernsehfilme selber machen:
1. Zuerst eine Geschichte schreiben.
2. Zur Geschichte mehrere Bilder malen, die auf eine Tapetenrolle geklebt werden.
3. Einen großen Karton besorgen, vorne ein Loch für den Bildschirm schneiden.
4. Hinter dem Bildschirm die Bilder abrollen, dazu die Geschichte erzählen.

Anregungen für kleine Fernsehspiele

- *Aus welcher Idee willst du eine Geschichte machen?*
- *Soll sie lustig oder traurig werden?*
- *Schreibe zuerst einen Entwurf.*

Lisas Entwurf für einen Film

A1, R Zirkus — Ein Esel war im Zirkus. Der mußte immer im Kreis
A2 — laufen. Da war es ihm zu langweilig.
— Und da lief er weg. Da kam er auf eine Wiese.
R — Da durften die Kider auf ihm reiten.
— Das gefiel dem Esel.

A1: genauer: lebte, trat auf, gehörte zum Zirkus, …
A2: bei den Satzanfängen das häufige Wort *da* einfach weglassen, oder ersetzen mit nun, aber.

Denke Dir eine Überschrift aus!

Und wie kann die Geschichte mit dem Esel weitergehen?

① Überarbeite Lisas Entwurf, und achte dabei auf die Hinweise.

92 Texte überarbeiten

② Wie könnte die Geschichte weitergehen?

③ Unsere Merkwörter

④ verbessern

⑤ **Mein Text**

Ich entwerfe einen Text
und lese meinen Entwurf vor.
Ich bekomme Tips
und kann nun meinen Text verbessern.
Die Überschrift fehlt noch.
Ich überarbeite und ändere meinen Text.
Dann bin ich zufrieden.

| Text |
| entwerfen |
| Entwurf |
| Tip |
| verbessern |
| Überschrift |
| überarbeiten |
| ändern |

"Hier ist das Nachrichtenstudio der 3a mit der Sendung: Das Neueste von uns."

"Die Klasse 3a hatte am Montag keinen Unterricht. Die Kinder gingen mit Frau Winter in den Zoo. Dabei..."

Nachrichten aus dem Klassenstudio

Turnbeutel gefunden

Pokal gewonnen

Ab sofort: Milch in Flaschen

① Sammelt Nachrichtenthemen aus eurer Klasse, aus der Schule, aus eurem Ort.

② Schreibe eine Nachricht oder mehrere Nachrichten für die Sendung auf. Einige Kinder können dich beraten. Ist die Nachricht verständlich, fehlt etwas ... ?

③ Stellt die Nachrichten zusammen, und zeichnet dazu Bilder für den Projektor.

④ Tragt die Nachrichten in eurem Studio mit mehreren Sprechern vor.

"Ich habe gehört, die Klasse 3 hat Gemüsesuppe gekocht. Ich frage mich: Muß es denn immer Suppe sein? Mir wären Honigplätzchen lieber!"

> J: Die Kinder aus der Klasse 4 haben eine Gemüsesuppe gekocht. Allen Kindern hat es geschmeckt.
> Zeit: In der Schule riecht es gut. Die Kinder unserer Klasse wollen auch mal eine leckere Suppe kochen.
> J: Wann war das?
> Zeit: Tunwort in die Vergangenheitsform setzen.

⑤ Überarbeite den Text.

Texte überarbeiten 92

Das waren die neusten Nachrichten

① Warum sollen Nachrichten nicht nur
neu oder **neuer** sein,
warum sollen es die **neusten** sein?

② Welche Wiewörter passen auch zu Nachrichten?
Begründe deine Meinung.

> schlimm – schlimmer – am schlimmsten
> lustig – lustiger – am lustigsten
> langweilig – langweiliger – am langweiligsten
> interessant – interessanter – am interessantesten
> spannend – spannender – am spannendsten
> traurig – trauriger – am traurigsten

③ Schreibe die Wiewörter aus Aufgabe 2
mit den Vergleichsformen ab.
Kreise den Wortstamm ein, der bei den
verwandten Wiewörtern immer gleichbleibt.

④ Auf dieser Seite findest du Wörter mit **eu**.
Schreibe sie auf, und suche in der
Wörterliste weitere Wörter mit **eu**.

⑤ Welche Tunwörter vom Rand passen zu wem?
Eine Nachrichtensprecherin kann ...
Kinder auf dem Schulhof können ...
Unsere Lehrerin kann ...

⑥ Warum passen viele der Tunwörter
nicht zum Nachrichtensprecher?

⑦ Ihr könnt andere zu einer Fernsehstunde
einladen.

75

11 Von Hexen, Geistern und Gespenstern

Gesucht

Drache FEUERZACK

Er ist sehr groß und dick.
Er lebt da, wo die Welt zu Ende ist.
Er hält die Prinzessin gefangen.
Achtung! Er speit Feuer!
Er kann nur durch ein Zauberschwert bezwungen werden.

Gesucht

Zauberer HELFERIX

Er ist klein und schnell und weiß alles.
Er hat ein Zauberbuch.
Er lebt besonders gerne in Wohnungen mit Kindern.
Er nascht gerne.
Belohnung: Jeden Tag einen Zauberstern

① Schreibe auch so einen Steckbrief. Überlege:
  • Wen suchst du?
  • Was soll die gesuchte Figur tun?
  • Welche Eigenarten hat sie?
  • Wie sieht sie aus?
  • Wie kann man sie finden?

② Sammelt die Steckbriefe, und hängt sie aus.

③ Erzählt Geschichten, wie die Gesuchten gefunden wurden und was sie dann getan haben.

Gift   Spaß
Freund   Mut
Ärger   Lust
Schreck   Fleiß

Giftzwerge sind giftig

④ Bilde aus den Namenwörtern am linken Rand Wiewörter mit **ig** oder **lich**.
Schreibe so auf: *das Gift – giftige Zwerge*

⑤ Bilde auch die Vergleichsformen.
giftig – giftiger – am giftigsten

Explosion im Zauberschloß

① Erzählt die Geschichte. Legt vorher fest:
- Wie beginnt die Geschichte (Einleitung)?
- Was will der Zauberer zaubern?

Verratet erst am Schluß, was gezaubert wird.
Dann wird die Geschichte spannender.

② Schreibe die Geschichte auf.
Beachte die Hinweise in Aufgabe 1.

| finster |
| Nacht |
| Geheimnis |
| Mond |
| Flasche |
| mixen |
| schaffen |
| geschafft |
| zufrieden |
| öffnen |

① Unsere Merkwörter

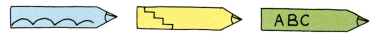

② **Das Geheimnis der Flasche**

In der finsteren Nacht scheint nur der Mond.
Der Zauberer holt
eine Flasche aus dem Keller.
Was will er mixen?
Er öffnet die Flasche. Geschafft!
Zufrieden trinkt er das Sprudelwasser.

schaffen – Ich habe es geschafft.

füllen, packen, rollen, stellen, brüllen, schmecken, wollen, zucken, bellen, gucken, lecken, backen

③ *Schreibe jedes Tunwort in der Grundform und in einem Satz mit dem Baustein* ge .
füllen – Ich habe es gefüllt.

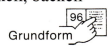
Grundform

Da reimen sich ja immer zwei Wörter.

④ Kreise ein, was bei den beiden Formen eines Tunworts gleich ist.

⑤ Mache bei den Tunwörtern in der Grundform unter den ersten Selbstlaut einen Strich oder einen Punkt. Was fällt dir auf? Kannst du es erklären?

Beim Silbentrennen wird **ck** als **kk** getrennt; also: pak-ken.

⑥ Trenne alle Tunwörter in Sprechsilben, und schreibe sie so auf: *fül-len, pak-ken*

⑦ Suche in der Wörterliste (ab Seite 112) zehn Wörter mit **ck**, die du in Sprechsilben trennen kannst.

So zaubern kleine Hexen:

Quark und Quirl und Mäusespeck,
Regenwurm und Fliegendreck,
Quelle, Qualle, Hexenbesen,
wer es kann, der soll dies lesen:
Mixer, Taxi hin und her,
Zaubern, das ist gar nicht schwer.
Zähle fix bis acht,
dann ist es vollbracht.
Herbei, ihr Mäuse, Kröten, Fliegen,
ich will in meinem Hexenhaus liegen!

① Sprecht das Gedicht wie eine Hexe. Probiert aus, was ihr mit euren Stimmen machen könnt. Die Tunwörter am Rand helfen dabei.

krächzen, sprechen, heulen, flüstern, wispern, brüllen, kreischen, brummen, grölen, schreien

② Schreibe den Text ab. Schreibe die Tunwörter vom Rand auf Kärtchen, und lege sie so neben die Zeilen, wie du sie sprechen willst.
Lies auch abwechselnd mit deiner Nachbarin oder deinem Nachbarn.

③ Schreibe die Namenwörter mit **Qu** und **x** mit dem bestimmten Begleiter nochmals ab. Erfinde mit diesen Wörtern selbst einen lustigen Zauberspruch.

Krächzen wie ein heiserer Rabe, flüstern …

① *Ordne die Tunwörter von Seite 80 den folgenden Satzteilen zu.*
wie ein kleines Gespenst
wie eine erkältete Lehrerin
wie ein gereizter Löwe
wie ein hungriges Baby
wie ein schläfriger Bär
wie eine muntere Lerche
wie ein bunter Papagei

② *Unterstreiche die Wiewörter.*

③ *Ordne die Tunwörter von Seite 80 nach der Lautstärke.*
Leise:
Laut:
Kann laut oder leise sein:

④ Unsere Merkwörter

⑤ *Suche in der Wörterliste alle Wörter, die so beginnen:* **fl** *oder* **Fl**, **br** *oder* **Br**, **schr** *oder* **Schr**.

⑥ **Von der Hexe** 🐻

flüstern
brüllen
brummen
schreien
sprechen

Die Hexe flüstert, 🐻 sie brummt und summt. 🐻
Keiner antwortet. 🐻 Sie ruft und brüllt 🐻
so laut sie kann. 🐻 Keiner antwortet. 🐻
Da schreit die Hexe vor Wut 🐻 und spricht: 🐻
„Meine Pommes klaut man nicht!" 🐻

⑦

Geschichten erzählen

Auf dieser Seite findet ihr Vorschläge für eine Gespenstergeschichten-Stunde. Suche dir einen Vorschlag aus. Du kannst auch mit deinem Nachbarn zusammenarbeiten.

91 Erzählkarten

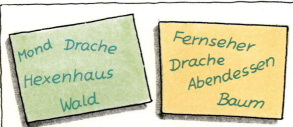

① In jedem Kasten stehen vier Wörter für eine Drachengeschichte. Erzählt euch gegenseitig.

G estern nahm sich das Gespenst etwas vor:
E s wartete bis Mitternacht, dann…
S
P
E
N
S
T

④ Das ist ein Bild zu einer Comic-Geschichte. Erfinde einen Comic mit vielen Bildern.

② Erfinde eine Gespenstergeschichte. Jeder Satz beginnt mit einem Buchstaben des Wortes GESPENST.

③ Erfinde ebenso Geschichten zu den Wörtern RIESE oder ZAUBERER oder WASSERNIXE oder DRACHENKIND oder?

⑤ Stellt euch mit euren Nachbarn aus Taschentüchern, Holzkugeln, Faden oder Gummifaden Gespenster her. Spielt dann die Szene weiter:
Karo: „Ach, Gundi, mir ist so langweilig."
Gundi: „Da weiß ich ein gutes Gegenmittel."

Durch das Jahr: Herbst

Flieger aus Papier

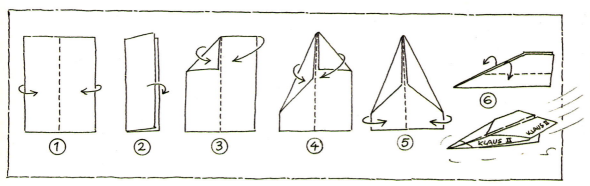

① **Flieger-Wettbewerb**

- *Welcher Flieger fliegt am höchsten?*
- *Welcher Flieger macht die tollsten Kurven?*
- *Welcher Flieger fliegt am weitesten?*
- *Welcher Flieger fliegt am lustigsten?*

hoch – höher – am höchsten

Ein Flieger fliegt hoch.
Der zweite fliegt höher.
Der dritte fliegt am höchsten.

② *Schreibe die drei Sätze ab, und unterstreiche die Wiewörter. Was fällt dir auf?*

③ *Bilde ähnliche Sätze mit diesen Wiewörtern:*
weit, toll, schnell, lang.

Mein Flieger _____, er _____ ein wenig, er _____ weiter. Dann _____ er. Er _____ und _____ zur Erde.

④ *Setze passende Tunwörter ein.*
Es gibt verschiedene Möglichkeiten.

⑤ *Zeichnet Fluggeschichten.*

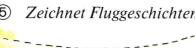

Durch das Jahr: Nikolaus

Nikolausspiel in der Klasse

So bereitet ihr es vor:
- *Jeder schreibt seinen Namen auf einen Zettel.*
- *Jeder zieht geheim einen Zettel.*
- *Du hast den Namen eines Kindes gezogen. Überlege, was dir an dem Kind gefällt. Du kannst auch jemanden fragen, der das Kind gut kennt.*
- *Schreibe auf ein Kärtchen den Namen des Kindes und was dir oder anderen gut an ihm gefällt.*
- *Klebt alle Zettel in ein „Goldenes Buch".*

Warum haben manchmal kleine Kinder Angst vor dem Nikolaus?

Namensdose der Klasse 3a

Melanie — Melanie läßt andere manchmal mit ihrem Rad fahren. Das ist lieb von ihr.

Anna

Ulf — Ulf kann toll Handstand machen.

Nikolai — Nikolai hilft mir manchmal beim Diktat. Das finde ich richtig gut von ihm.

Dominique — Ich freue mich immer, wenn Dominique vor der Klasse Witze erzählt.

Das Goldene Buch der Klasse 3a

So spielt ihr Nikolaus:
- *Ein Kind spielt den Nikolaus. Für jedes Kind wird aus dem „Goldenen Buch" vorgelesen.*
- *Zwischendurch könnt ihr Lieder vorsingen und etwas vortragen.*
- *Das „Goldene Buch" könnt ihr anschließend in eure Klassenbücherei stellen.*

Durch das Jahr: Advent

Geschenkpapier – selbst hergestellt

① *Das braucht ihr dazu:*
- Pappstücke, verschieden lang und dick
- Pinsel und Wasserfarben
- Packpapierbogen

So wird es gemacht:
Pappkante mit Farbe bepinseln
und mehrmals zum Stern abdrucken.

② **Das Einpack-Spiel**

Ich packe in mein Weihnachtspäckchen einen Stern.

Ich packe in mein Weihnachtspäckchen einen Stern und Schokolade.

Ich packe in mein Weihnachtspäckchen einen Stern, Schokolade und ein Quartett.

Packwörter

③ Setze vor das Tunwort **packen** die Bausteine aus dem Päckchen.

④ Setze passende Tunwörter aus Aufgabe 3 ein.

Ein Päckchen für Opa

Zuerst habe ich eine Tafel Schokolade _____,
dann habe ich noch einen Schal _____.
Das war aber falsch. Ich habe den Schal
wieder _____ und dafür einen Brief _____. Ich
habe alles _____. An Weihnachten hat der
Opa dann alles _____ und sich sehr gefreut.

Wo ist nur mein Geschenk für Max? Erst habe ich es eingepackt, dann weggepackt und jetzt finde ich es nicht wieder!

Weihnachtsriesenwörter

RIESENÜBERRASCHUNGSGESCHENKSCHATZKISTE

WEIHNACHTSBAUMGLITZERGLASKUGELSCHMUCK

WEIHNACHTSOPAUNDOMAGESCHENKANHÄNGER

⑤ Erfinde und schreibe auch Weihnachtsriesenwörter.

85

Durch das Jahr: Fastnacht – Klassenfest

Masken basteln

Ihr braucht:
- einen Pappteller für das Gesicht
- Tonpapier für Verzierungen
- Wollreste für Haare und Bart
- Pinsel und Farbe zum Anmalen
- ein Gummiband zum Festbinden

So wird es gemacht:
1. In den Pappteller Augen schneiden. Dazu den Pappteller auf das Gesicht drücken, mit Bleistift die Stellen mit den Augen anzeichnen.
2. Den Pappteller so bemalen und bekleben, daß die gewünschte Maske entsteht.
3. Rechts und links je ein Loch bohren, das Gummiband durchziehen und verknoten. Die Maske muß nun fest sitzen.

Spiele mit Masken

Pantomime: Ein Kind wählt eine Maske aus, verrät aber nicht, welche. Es spielt nun ohne Sprache vor, welche Maske es gewählt hat. Wenn die Maske erraten wurde, darf das Kind sie aufsetzen.

Zirkusspiel: Die Kinder sitzen mit ihren Masken im Kreis. Ein Kind ist Ansager. „Zuerst treten die Clowns auf." Alle Clowns springen nun im Kreis umher, machen Späße, bis der Ansager sagt: „Alle Clowns treten ab." Nun suchen alle schnell einen Platz, auch der Ansager. Wer übrigbleibt, gibt seine Maske ab und ist jetzt Ansager.

Zirkusfest

Mit den Masken und mit anderen Verkleidungen könnt ihr eine Zirkusvorstellung einüben.
Räumt dazu die Tische weg, und stellt die Stühle zu einem großen Zuschauerkreis zusammen.

Löwendressur

Die Löwen springen durch Reifen, sie springen von Hocker zu Hocker, sie fauchen,
laufen im Kreis und machen „Männchen".
Was können sie noch alles tun?

Clown-Nummer

Ein Clown kommt heimlich herein, er nimmt dem Direktor den Hut weg, er spielt mit einem Musikinstrument, aber ganz falsch,
er setzt sich neben den Stuhl.
Was kann er noch tun?
Was können zwei oder drei Clowns machen?

Affendressur

Die Affen setzen sich, springen herum,
sie kratzen sich, sie „lausen" sich,
sie springen dem Dompteur auf den Arm,
sie fahren Roller.
Was können sie noch alles tun?

Durch das Jahr: Ostern

Stehauf-Hasen

Für die Stehauf-Hasen brauchst du:
- ausgeblasene Eier
- eine Kerze
- etwas weiches Papier
- braunes Tonpapier

① *Laß Wachs von einer Kerze in das ausgeblasene Ei tropfen. Überklebe das Loch mit weichem Papier. Setze zwei schöne lange Hasenohren an.*

② 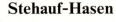-Wörter

 ③ *Schreibe auch solche ei-Wörter mit schön verzierten Eiern.*

④ *Kannst du die Wörter unten auf dieser Seite lesen?*

 ⑤ *Findest du auch Wörter, in denen sich ein Wort versteckt, das man zeichnen kann?*

Durch das Jahr: Sommer

Postkarten verschickt

In den Sommerferien könnt ihr selbst Postkarten schreiben. Ihr könnt Ansichtskarten kaufen oder Postkarten selbst bemalen.

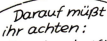

Darauf müßt ihr achten:
• *Die Anschrift wird in dieser Reihenfolge geschrieben!*

Name
Straße
Postleitzahl und Ort

Liebe Omi,
viele Grüße von der Ostsee schickt Dir Deine Stephanie. Beim Strandfest habe ich einen Preis gewonnen! Ich habe auch für dich schon Muscheln gesammelt.
Alles Liebe
Deine Stephanie

Frau
Maja Klein
Jahnstr. 17
45101 Essen

• *In Briefen und Postkarten werden alle Fürwörter groß geschrieben, mit denen der Empfänger angeredet wird, also:* **Du, Dir, Dein, Dich** *oder:* **Sie, Ihnen, Ihr**

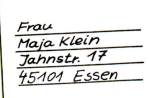

95
Fürwörter

① *Prüft die Postkarte von Stephanie, ob sie alles richtig gemacht hat.*

② *Schreibe deine Anschrift und Anschriften von Leuten auf, denen du schreiben möchtest. Übe dabei, wie auf Postkarten zu schreiben.*

③ *Sammelt Briefmarken aus Europa, und klebt sie zum richtigen Land auf eine Europakarte.*

④ *Vielleicht kennen Kinder in eurer Klasse Menschen in anderen Ländern. Dann schreibt ihnen, und bittet sie, zu antworten. So erhaltet ihr Post und Briefmarken.*

Lieber Max,
ich bin es leid, im Kunterbunt immer allein vorzukommen. Ich lade Dich ein, im Kunterbunt für Klasse 4 mit mir zusammen aufzutreten. Dem Zeichner hab ich schon Bescheid gesagt. Bis nach den Sommerferien.
Deine Maxi

Familie
Jean Rocher
rue Moliere 2
57000 Metz
Frankreich

Rollenspiele

Spielen und besprechen

Was geschieht zu Hause oder in der Schule?
Spielt und sprecht darüber.
Jeder Mitspieler übernimmt eine Rolle.
Die Zuschauer beobachten das Spiel.
Sprecht hinterher über das Spiel.
Dann könnt ihr erneut spielen.

Vor dem Rollenspiel müßt ihr das klären:
- Wer ist am Spiel beteiligt?
- Was wollen die Beteiligten erreichen?
- Wer spielt die Rollen?
- Wie kann es weitergehen?

Nach dem Rollenspiel könnt ihr darüber sprechen:
- Wie ging es weiter?
- Bei einem Streit: Wie ging er aus?
- Könnte das auch in Wirklichkeit so weitergehen?
- War das eine gute Lösung für alle?
- Gibt es noch andere Lösungen?

Dann kann wieder gespielt werden.

Streit um das Fernsehprogramm

① Spielt, was hier geschieht und wie es weitergehen kann. Es gibt viele Möglichkeiten.

✏️ Erzählen

Geschichten erfinden

- Du fängst einfach an zu erzählen.
  Wenn ihr im Kreis erzählt, kannst du einen Gegenstand in der Hand halten. Du gibst ihn weiter, wenn der Nachbar weitererzählen soll.

Erzählkarten herstellen

Wenn du eine Geschichte erzählst,
können dir Erzählkarten helfen. Überlege:
- Wie beginnt die Geschichte (Einleitung)?
- Wie geht sie weiter?
- Wie endet sie (Schluß)?
- Schreibe oder male jeden Erzählschritt auf eine Erzählkarte.
  Du kannst auch auf die eine Seite der Karten schreiben und auf der Rückseite dazu malen.

Mit Erzählkarten erzählen

- Erzähle die Geschichte mit deinen Karten.
  Wenn du auf der Rückseite gemalt hast,
  dann zeige das Bild den Zuhörern.

① *Erzähle eine Geschichte, in der diese drei Wörter vorkommen:* **Kinder – Zwerg – Schatz.**
Die Erzählkarten am Rand können helfen.

② *Erzähle so auch zu diesen Ideen:*

⭐ Einmal war ich einen Tag unsichtbar.

⭐ Als ich morgens aufstand, war ich unsere Lehrerin.

⭐ Als ich morgens aufstand, war ich mein Vater.

Texte schreiben – Texte überarbeiten

Geschichten vom Mäuschen und vom Elefant

Wenn ihr Texte überarbeitet,
dann helfen drei Zeichen:
R = **R**echtschreibfehler – bitte verbessern.
A = Sprachlicher **A**usdruck – bitte verbessern.
I = Fehler im **I**nhalt: Es fehlt etwas,
oder es ist etwas falsch – bitte verbessern.

R – Zeichen für Rechtschreibung

R Mäuschen R Elefant R Badehose	Das |Mäusen| sagt zum Elefant: „Komm, wir gehen schwimmen." Aber der |Elefat| will nicht. Er hat keine |Bade Hose| bei sich. Da sagt das |Mäusen|: „Ist nicht schlimm, Elefant, ich habe zwei. Ich kann dir eine Hose leihen."

① Schreibe den Text so ab, daß alle Rechtschreibfehler verbessert sind.

A – Zeichen für Ausdruck

A	Mäuschen hat ein Fahrrad bekommen. Und da fährt es den ganzen Tag. Und da trifft es den Elefanten. Und da fragt es: „Willst du auch mal fahren?"
	A Du beginnst die Sätze mit „und da." Das kannst du vermeiden, wenn du die beiden Wörter einfach wegläßt. Die Sätze mußt du dann ein wenig umstellen.

 ② Überarbeite den Text.

Texte schreiben – Texte überarbeiten

I – Zeichen für Inhalt

J | Mäuschen und Elefant gehen spazieren. Da fängt die Brücke an zu schwanken. Das Mäuschen sagt ganz stolz zum Elefanten: „Wir beide haben einen festen Tritt, was?"

J Damit die Brücke schwankt, müssen sie über die Brücke gehen. Das mußt du dann auch schreiben.

 ① *Überarbeite den Text.*

J | Elefant zeigt dem Mäuschen stolz seine Sonnenbrille. Da sagt das Mäuschen: „Toll, deine Sonnenbrille!"

J Da fehlt am Schluß noch der Witz. Was kann der Elefant wohl sagen?

 ② *Überarbeite den Text.*

R Tasche   A | Mäuschen will etwas essen. Es holt ein Stück Käse aus seiner /Tache/ und ißt den

R sieht | Käse. Der Elefant /siet/ zu. Da sagt das

R Mäuschen abbeißen | /Mäusen/: „Willst du auch mal /abbrißen/?"

A Wie ißt denn das Mäuschen den Käse? Es kann knabbern, abnagen und kauen. Schreibe genauer, so daß man merkt, wie es dem Mäuschen schmeckt.

③ *Überarbeite den Text.*

93

Namenwörter

Viele Wünsche

Diese Wörter für Wünsche sind Namenwörter.
Manche Wünsche kann man sehen und anfassen.
Einige kann man nicht sehen und anfassen.

① *Schreibe auf, und setze den bestimmten Begleiter dazu:*
Das kann man sehen und anfassen: die Wurst, der ...
Das kann man nicht sehen und anfassen: die Kraft ...

② *Was wünschst du dir? Schreibe einige Wünsche auf, die man sehen und anfassen kann, und einige Wünsche, die man nicht sehen und anfassen kann.*

③ *Suche in der Wörterliste zehn Namenwörter für etwas, das man nicht sehen und anfassen kann.*

④ **Namenwörter mit Bausteinen**

Namenwörter können Wörter für Dinge sein; es können auch Wörter für etwas sein, das man nicht sehen und anfassen kann. Namenwörter können einen Begleiter haben und werden groß geschrieben.

Schön	Heiser	Heiz
Krank	Fröhlich	Wander
die Gesund}heit	die Einsam}keit	die Begrüß}un
Dumm	Traurig	Kleid
Dunkel	Farbig	Mein

⑤ *Jedes dieser Namenwörter ist mit einem Wiewort oder einem Tunwort verwandt. Schreibe so:*
Namenwort und verwandtes Tunwort:
die Heizung – heizen, ...
Namenwort und verwandtes Wiewort:
die Schönheit – schön, ...

Fürwörter

Wem soll ich was geben?

Lehrer: Kannst **du es ihr** mal geben?
Ina: **Ich?** Meinen **Sie mich?**
Lehrer: Nein, den Klausi. Also los, Klausi, gib **es ihr!**
Klausi: Wem?
Lehrer: Der Jana natürlich. Also Klausi, nun gib **es** der Jana.
Klausi: Aber was soll **ich** denn Jana geben?
Lehrer: Das Buch, zum Donnerwetter!

Fürwörter werden für Namenwörter verwendet.

① Warum verstehen die Kinder zuerst gar nicht, was der Lehrer will?

 ② Die fettgedruckten Wörter werden für Namenwörter verwendet. Wir nennen sie Fürwörter. Für welche Namenwörter werden sie verwendet?
du – Klausi

 ③ **Einen Text überarbeiten**

A 1   Das Mäuschen ist in ein neues Mauseloch
A 2   umgezogen. Das Mäuschen trifft den Elefanten.
Der Elefant fragt: „Na, bist du schon umgezogen?"
Das Mäuschen sagt zum Elefanten: „Ja, gestern,
und mein neues Mauseloch ist so schön!
Komm mich doch mal besuchen!"

A1   Du schreibst dreimal das Namenwort „Mäuschen". Ersetze es einmal oder zweimal durch ein Fürwort.
A2   Mache dasselbe mit dem Namenwort „Elefant".

Tunwort – Grundform

Ein Telefongespräch

Maxi, maxt du mich?

Ich maxe nichts.

Hallo, Maxi, kannst du mich maxen?

Ich maxe immer noch nichts!

Die maxt wohl gar nichts.

Ich habe nichts gemaxt.

Übrigens: Es steht in der Wörterliste auf Seite 115.

① Sprecht das Telefongespräch.
Man muß jeden Satz anders sprechen.

② Welches Tunwort kannst du für „maxen" einsetzen?

③ Schreibe das Telefongespräch ab, und setze für „maxen" das passende Tunwort ein.

④ Das Tunwort kommt in fünf verschiedenen Formen vor. Schreibe sie auf.

⑤ Suche in der Wörterliste (ab Seite 112) fünfzehn Tunwörter in der Grundform, die sagen, was du alles kannst.

⑥ Suche fünf Tunwörter, die du in diesen Formen aufschreiben kannst:
ich max**e**, du max**st**, er max**t**, ich max**te**, ich habe gemax**t**.

Tunwörter
können ihre Form verändern.
Eine Form nennen wir die **Grundform:**
bad**en**, bau**en**, bummel**n**, kletter**n**.

Tunwort – Gegenwartsform, Vergangenheitsform

In der Schule früher – in der Schule heute

> Die Kinder <u>sitzen</u> an Tischen. Wer etwas sagen <u>will</u>, der <u>meldet</u> sich. Der Lehrer <u>ruft</u> auf. Wer <u>drankommt</u>, darf sitzen bleiben. Wenn ein Kind Unfug <u>macht</u>, dann...

> Die Kinder <u>saßen</u> in Bänken hintereinander. Wer etwas sagen <u>wollte</u>, der <u>meldete</u> sich. Der Lehrer <u>rief</u> auf. Wer <u>drankam</u>, mußte aufstehen und trat aus der Bank heraus. Wenn ein Kind Unfug <u>gemacht hatte</u>, dann ...

Tunwörter können ihre Form verändern. Sie können angeben, von welcher Zeit erzählt wird: von der **Gegenwart** oder von der **Vergangenheit**. Zum Beispiel:
ich **maxe**,
ich **maxte**
oder
ich habe **gemaxt**.

① Woran kann man erkennen, in welchem Text von früher und in welchem Text von heute erzählt wird?

② Ergänze, wie es bei euch in der Schule ist, wenn ein Kind Unfug macht.

③ Schreibe die unterstrichenen Tunwörter in der Gegenwartsform und in der Vergangenheitsform so in eine Tabelle:

Gegenwart (heute)	Vergangenheit (früher)
sitzen	saßen

Vater und der Einkaufszettel

④ In welcher Zeitform stehen die Tunwörter?

> Ich <u>bin</u> in der Stadt und <u>suche</u> meinen Einkaufszettel. Er <u>liegt</u> noch auf dem Küchentisch. Du <u>liest</u> mir vor, was draufsteht, und ich <u>schreibe</u> mir alles auf.

⑤ Abends erzählt Vater, daß er seinen Einkaufszettel vergessen hatte und wie er sich half.
Schreibe den Telefonanruf so um, wie Vater abends davon erzählte. Dabei mußt du die unterstrichenen Tunwörter in eine Vergangenheitsform setzen.

⑥ Schreibe die Tunwörter in der Gegenwartsform und in der Vergangenheitsform wie in Aufgabe 3.

Wiewort – Vergleichsformen

Meine Kinder sind alle klein. Tom ist kleiner als Susi. Sven ist am kleinsten. Das ist immer so.

Meine Kinder sind alle lieb. Sven ist aber lieber als Susi. Tom ist am liebsten. Oft ist es auch ganz anders.

Meine Kinder sind heute alle hungrig. Susi ist hungriger als Tom. Sven ist am hungrigsten. Das ist meistens so.

süß – süßer – am süßesten

Frau Linder, Frau Linder, die hat drei süße Kinder

① *Mit welchen Wörtern vergleicht Frau Linder ihre süßen Kinder?*

② *Schreibe die Wiewörter auf, die Frau Linder verwendet. Schreibe die verwandten Formen in eine Reihe.*
klein – kleiner – am kleinsten

Mit **Wiewörtern** kann man vergleichen: **max – maxer – am maxsten**. Die Formen **maxer** und **am maxsten** sind Vergleichsstufen.

Frau Linder vergleicht ihre süßen Kinder auch mit diesen Wiewörtern:
lustig, müde, durstig, stark, schwach, jung.

③ *Schreibe mit zwei Wiewörtern auch eine Vergleichsgeschichte, wie sie Frau Linder sagen könnte.*

④ *Trage alle zehn Wiewörter auf dieser Seite in eine solche Tabelle ein.*

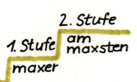

Grundform	1. Vergleichsstufe	2. Vergleichsstufe
max	maxer	am maxsten
...	...	...

Satzteile

Sören will seine Oma besuchen

① *Wie unterscheiden sich die Sätze von Sören?*

② *Mit welchen Sätzen kann Sören auf diese Fragen antworten:*
Wer fährt zur Oma?
Wann fährst du zur Oma?
Wohin fährst du morgen?

Mein Hamster schläft am Tag in einem Strumpf.
Mein Hamster läuft nachts im Laufrad.

③ *Stelle jeden Satz ein paarmal um. Dann findest du die Satzteile. Denn Wörter, die immer zusammenbleiben, gehören als Satzteil zusammen.*

④ *Schreibe die Sätze auf Papierstreifen.*
Das Tunwort schreibe in roter Schrift.
Mache einen Strich zwischen die Satzteile.
Schneide die Satzteile auseinander.
Wie viele sinnvolle Sätze kannst du legen?

⑤ *Schreibe alle sinnvollen Sätze so auf, daß sie auf die Fragen antworten:* **wer, wann, wo.**

Ein **Satz** besteht aus **Satzteilen**. Diese Teile kann man umstellen. Jedes Satzteil kann aus einem oder aus mehreren Wörtern bestehen.

Satzgegenstand – Satzaussage

Sätze bestehen aus **Satzgegenstand** und **Satzaussage**.

Wir fragen: Wer oder was spielt die Hauptrolle? Das ist der Satzgegenstand. Was wird alles vom Satzgegenstand ausgesagt? Das ist die Satzaussage.

① *Wer spielt in jedem Bild die Hauptrolle? Den nennen wir **Satzgegenstand**.*

② *Was wird vom Satzgegenstand alles ausgesagt? Das nennen wir die **Satzaussage**.*

③ *Schreibe zu jedem Bild einen Satz mit Satzgegenstand und Satzaussage. Unterstreiche den Satzgegenstand grün.*

④ *Zu welchem Märchen gehören die Bilder?*

⑤ *Schreibe zu diesem oder zu anderen Märchen einige Sätze auf, und unterstreiche die Satzgegenstände grün.*

⑥ *Sammelt Fotos aus Zeitschriften, und überlegt bei jedem Foto:*
   • *Wer spielt die Hauptrolle?*
   • *Was wird alles ausgesagt?*

⑦ *Schreibe Sätze zu den Fotos. Unterstreiche den Satzgegenstand immer grün.*

Aussagesatz – Fragesatz – Aufforderungssatz

ZUR ERINNERUNG

Aussagesätze haben am Ende einen Punkt,
Fragesätze haben ein Fragezeichen,
Aufforderungssätze haben ein Ausrufezeichen.

① Welcher Satz ist
 • ein Aussagesatz,
 • ein Fragesatz,
 • ein Aufforderungssatz?
 Begründe deine Meinung.

② Wo steht bei den drei Satzarten das Tunwort?

Susi schreibt.

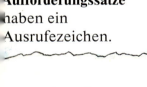

Markus putzt die Tafel.

Micha sucht sein Heft.

Lisa erzählt vom Zirkus.

③ Bilde aus den vier Aussagesätzen am Rand je einen Fragesatz und einen Aufforderungssatz. Unterstreiche die Tunwörter immer rot. In jedem Aufforderungssatz mußt du ein Komma setzen wie oben in der Sprechblase.

④ Die Aufforderungssätze können durch das Wort **bitte** freundlicher werden. Ergänze deine Aufforderungssätze.

⑤ Sammelt an einem Schultag Fragesätze und Aufforderungssätze. Unterstreicht die Tunwörter rot.

Wortstamm

Alle Tunwörter haben einen **Wortstamm** und **Endungen**, die sich ändern können.

| kauf | en |
| kauf | t |

① Das Tunwort **kaufen** kommt auf dem Bild fünfmal vor, jedesmal in einer anderen Form. Schreibe die fünf Formen auf, und kreise ein, was immer gleich ist.

② Viele Leute sagen statt **kaufen** auch **holen**. Schreibe die Texte aus dem Bild ab, und ersetze dabei das Tunwort **kaufen** durch das Tunwort **holen**.

③ Kreise bei den Tunwörtern den Wortstamm ein, der immer gleichbleibt.

Ich		e	gerne	
Mama, du		st	nicht gerne mit	?
Mein Papa	spiel			
Unsere Lehrerin		t	oft	
Viele Kinder		en	nie	

④ Schreibe acht Sätze, die stimmen, und kreise immer den Wortstamm ein.

frag	kriech
bell	juck
lach	mach

⑤ Schreibe Sätze, in denen ein Wort mit den Wortstämmen vom Rand vorkommt. Kreise die Wortstämme ein.

Satzzeichen bei wörtlicher Rede

Neues vom Mäuschen

Es ist Winter. Überall liegt Schnee. Mäuschen sagt zum Elefant: „Komm, wir fahren Schlitten." Mäuschen setzt sich vorne hin, der Elefant sitzt hinten. So geht es den Berg hinunter. Unten sagt das Mäuschen: „Beim nächsten Mal darfst du vorne sitzen. Dann kannst du besser sehen."

① *Zweimal redet das Mäuschen. Suche die beiden wörtlichen Reden. Wie erkennst du sie?*

Mäuschen sagt: „Komm, wir fahren Schlitten."
(Begleitsatz) : „(wörtliche Rede)"

Die **wörtliche Rede** wird in **Redezeichen** gesetzt. Oft steht vor der wörtlichen Rede ein **Begleitsatz**, in dem man erfährt, wer redet. Nach dem Begleitsatz steht ein **Doppelpunkt**.

Mäuschen und Elefant fahren Straßenbahn. Da sagt der Elefant   Mäuschen, ich habe meinen Fahrschein vergessen.   Das Mäuschen sagt   Das macht nichts. Ich sage einfach, daß du mein Haustierchen bist.

② *Unterstreiche die wörtlichen Reden, und setze die Redezeichen.*

Der See ist zugefroren. Das Mäuschen sagt   Komm, Elefant, wir fahren Schlittschuhe.   Da fragt der Elefant   Aber ist das Eis schon dick genug?   Das Mäuschen antwortet   Aber klar, ich war gestern schon mal drauf, und es hat gut gehalten.

③ *Unterstreiche die wörtlichen Reden, und setze die Redezeichen.*

Komma bei Aufzählungen

Kofferpacken

- Ich packe meinen Koffer und lege eine Hose hinein.
- Ich packe meinen Koffer und lege eine Hose und ein Hemd hinein.
- Ich packe meinen Koffer und lege eine Hose, ein Hemd und Schuhe hinein.
- Ich packe meinen Koffer und lege eine Hose, ein Hemd, Schuhe und einen Kamm hinein.
- Ich packe meinen Koffer und lege eine Hose, ein Hemd, Schuhe, einen Kamm und eine Uhr hinein.

① Spielt das Koffer-packen-Spiel.
Ihr könnt das Spiel auch schwieriger machen: nur Sachen für den Sommer sollen in den Koffer oder nur Sachen, die mit **H** anfangen.

② Beim Koffer-packen-Spiel werden Dinge aufgezählt. Wenn wir beim Schreiben Wörter aufzählen, werden Kommas gesetzt. Was geschieht, wenn zwischen den aufgezählten Wörtern **und** steht?

> Ich packe meinen Koffer und lege eine Mütze einen Hut eine warme Hose eine Brille und einen Anorak hinein.

> Wenn Wörter aufgezählt werden, dann trennen wir sie durch Kommas ab.
> Beim Wort **und** fällt das Komma weg.

③ Was soll hier in den Koffer hinein?
Unterstreiche alle Aufzählungen, und setze die Kommas.

④ Das Koffer-packen-Spiel kann man auch mit Wiewörtern oder mit Tunwörtern spielen. Unterstreiche bei den Beispielen alle Aufzählungen, und setze die Kommas.

- In den Ferien möchte ich schwimmen reiten spielen lesen tanzen und andere Kinder treffen.
- Ich esse gerne große rote süße leckere und gebratene Äpfel.
- Einen Ball kann man rollen schießen werfen festhalten und verschenken.

Silbentrennung

Neues vom Mäuschen

Mäuschen und Elefant wollen Limonade kaufen. Sie gehen in den Supermarkt. Sie packen die ganze Tasche voll. Elefant trägt die schwere Tasche. Mäuschen trägt den Kassenzettel. Mäuschen sagt zu Hause stolz: „Ganz schön stark wir beide."

ZUR ERINNERUNG

1. Das Wort auf die nächste Zeile schreiben. Oder:
2. Das Wort in Sprechsilben trennen.

Dabei soll ein einzelner Buchstabe nie alleine stehenbleiben.

① *In Klasse 2 hast du gelernt, wie du vermeiden kannst, Wörter am Zeilenende so zu quetschen. Trenne die gequetschten Wörter nach Sprechsilben.*
In der Geschichte kommt das Wort **Kassenzettel** *vor. Das Wort hat zweimal verdoppelte Mitlaute:* **ss** *und* **tt**. *Trenne zwischen den verdoppelten Mitlauten:* Kas – sen – zet – tel

② *Trenne:* Klasse, Zimmer, Klassenzimmer, Butter, kommen, rollen, wollen, brummen, Stelle, Wasser.

Wie trennt man packen?

ck ist eigentlich verdoppeltes **k**.
Beim Trennen wird **ck** wieder zu **kk**.
pak – ken

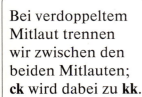

Bei verdoppeltem Mitlaut trennen wir zwischen den beiden Mitlauten; **ck** wird dabei zu **kk**.

③ *Trenne:* gucken, backen, schmecken, drücken, lecker, Ecke, Rücken, Bäcker, Jacke, Brücke.

④ *Trenne in der Geschichte vom Mäuschen alle Wörter, die mehr als eine Sprechsilbe haben.*

105

Rechtschreiben: lang gesprochene Selbstlaute

Lang gesprochene Selbstlaute

Nur wenige Wörter werden mit verdoppeltem Selbstlaut geschrieben. Weil es nur so wenige sind, mußt du dir jedes einzeln einprägen.

① *Setze ein:* **aa, ee,** *oder* **oo**.
d f, Z , H r, Kaff , Id , l r,
P r, H r, Schn , S , T , B t

② *Trage in drei Spalten ein:*

aa	ee	oo

③ *Übe jedes Wort aus Aufgabe 1.*

Wörter mit ie
④ Suche in der Wörterliste auf den Seiten 112–114 10 Wörter, in denen der erste Selbstlaut i lang gesprochen und mit **ie** geschrieben wird.

⑤ *Übe jedes Wort aus Aufgabe 4.*

Wörter mit ah, eh, oh, uh
Nur in wenigen Wörtern steht nach dem **a, e, o,** oder **u** ein **h**, zum Beispiel: **fahren**.

⑥ Suche in der Wörterliste für jeden Selbstlaut drei Beispiele.

⑦ *Übe jedes Wort aus Aufgabe 6.*

Ein Riesen-Gedicht zum Abschreiben!

Auf einer Wiese liegt ein Riese.

Sein großer Zeh tut ihm weh.

Er kann nicht gehen, er kann kaum stehen.

Er hat keine Ruhe, ihn drücken die Schuhe.

Da weint er sehr, mehr und mehr.

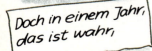
Doch in einem Jahr, das ist wahr,

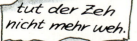
tut der Zeh nicht mehr weh.

Rechtschreiben: einfacher Mitlaut – verdoppelter Mitlaut

Richtig schreiben durch Hören

① *Wie unterscheiden sich beim Sprechen die ähnlichen Wörter? Wie unterscheiden sie sich beim Schreiben?*

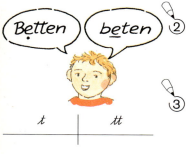

② **t oder tt?**

Bro e, Va er, Mu er, kle ern, mu ig, We er, Blä er, Bu er, blu en, re en.

③ *Trage die Wörter von Aufgabe 2 in eine Tabelle ein, und mache unter den ersten Selbstlaut einen Punkt oder Strich.*

④ **s oder ss?**

Ha e, Ro e, Na e, me en, la en, bö e, Be en, e en, le en, be er.

⑤ *Trage die Wörter von Aufgabe 4 in eine Tabelle ein, und mache unter den ersten Selbstlaut einen Punkt oder einen Strich.*

⑥ **m oder mm?**

So er, schwi en, Blu e, Na e, ko en, Da e, sa eln, sti en, neh en.

⑦ *Trage die Wörter von Aufgabe 6 in eine Tabelle ein, und mache unter den ersten Selbstlaut einen Punkt oder einen Strich.*

ck steht für kk.

⑧ **k oder ck?**

Rü en, De e, gu en, hä eln, blö en, pa en, La en, We er, tro nen, Ha en.

⑨ *Trage die Wörter von Aufgabe 8 in eine Tabelle ein, und mache unter den ersten Selbstlaut einen Punkt oder einen Strich.*

Rechtschreiben: Verwandte Wörter können helfen

 Fall 1: Gleiche Wortbausteine

Verwandte Wörter haben meistens **gleiche Wortbausteine**.

Verwandte Wörter suchen

Verwandte Wörter werden oft ähnlich geschrieben. Das kann dir beim Rechtschreiben helfen.

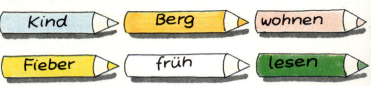

① Suche verwandte Wörter. Kreise ein, was gleich ist.

Kind   Berg   wohnen
Fieber   früh   lesen

 Fall 2: Ableiten

Ob man **ä** oder **e**, **äu** oder **eu** schreibt, kannst du herausbekommen, wenn du **ableitest**:
Gibt es ein verwandtes Wort mit **a** oder **au**, dann schreibe **ä** oder **äu**.

 ② *Beweise mit einem verwandten Wort, daß diese Wörter mit **ä** geschrieben werden müssen:*
Ärztin, Äpfel, fährt, Blätter, Hände, männlich, Gläser, nächtlich, Kätzchen, zählen.

 ③ *Beweise mit einem verwandten Wort, daß diese Wörter mit **äu** geschrieben werden müssen:*
Bäume, häuslich, läuten, Mäuschen, träumen, Verkäufer, Häutchen, bläulich, schäumen, Läufer.

Rechtschreiben: Verwandte Wörter können helfen

 **Verwandte Wörter suchen:
d oder t am Wortende?**

 Fall 3: Verlängern

> Schreibe ich Rad hinten mit d oder mit t ?

> Ein verwandtes Wort ist Räder. Da hört man hinten d.

Wie man ein Wort am Wortende schreibt, kannst du manchmal nur hören, wenn du das Wort **verlängerst**.

① *Verlängere die Wörter so, daß du hören kannst, ob am Ende **d** oder **t** geschrieben wird. Schreibe immer beide Wörter.*
alt, Antwort, Bad, Feld, Freund, bunt, Arzt, Land.
alt – alte

b oder p am Wortende?

> Schreibe ich Dieb hinten mit b oder mit p ?

> Ein verwandtes Wort ist Diebe. Da hört man hinten das b.

② *Verlängere die Wörter wie in Aufgabe 1, so daß du hören kannst, ob sie am Ende mit **b** oder **p** geschrieben werden.*

Kor , Stau , gro , Lum ,
gel , Rau , Die , Gra
Korb – Körbe

Wir klingen oft ähnlich.

g oder k am Wortende?

③ Ber , Ausflu , Ban , Zwer ,
Schran , Bur , Monta , Zu
Berg – bergig

Aufgabensammlung zur Wörterliste

In der Wörterliste suchen – ins Heft schreiben

① *Was gibt es alles in der Stadt zu sehen?*
Suche 15 Wörter.

② *Was gibt es alles in der Wohnung?*
Suche 15 Wörter.

③ *Suche beim Anfangsbuchstaben* **F/f** *alle Wörter, in denen* **eu** *vorkommt.*

④ *Was können Tiere tun? Suche 15 Tunwörter.*

⑤ *Was kannst du gar nicht leiden?*
Suche 15 Namenwörter und Wiewörter.

⑥ *Suche 20 Wörter für etwas, das man in keinem Geschäft kaufen kann.*

⑦ *Suche 15 Tunwörter, die sagen, wie sich Tiere, Menschen oder Fahrzeuge fortbewegen.*

⑧ *Wie können Ferien sein?*
Suche passende Wiewörter.

⑨ *Suche alle Wörter, in denen* **ß** *vorkommt.*

⑩ *Suche 15 Namenwörter für etwas, was man nicht sehen und nicht anfassen kann.*

⑪ *Suche 10 Wiewörter, die am Ende mit* **ig** *geschrieben werden.*

⑫ *Suche 10 Wiewörter, die beschreiben, wie Menschen oder Tiere sprechen können.*

⑬ *Suche auf einer Seite alle Namenwörter.*

⑭ *Suche auf einer Seite alle Tunwörter.*

⑮ *Suche auf einer Seite alle Wiewörter.*

Aufgabensammlung zur Wörterliste

In der Wörterliste suchen – ins Heft schreiben

⑯ *Suche 10 Lieblingswörter.*

⑰ *Suche 10 Wörter mit* **ie**.

⑱ *Schreibe zu 6 Namenwörtern mit dem Buchstaben* **G** *ein verwandtes Wiewort.*

⑲ *Schreibe zu allen Wiewörtern mit dem Buchstaben* **l** *(wie im Wort „leise") das Gegenteil.*

⑳ *Suche auf den Seiten 113 und 114 alle Wörter mit mehr als 2 Silben.*

㉑ *Suche die 5 längsten Wörter.*

㉒ *Suche 5 Wörter mit doppeltem Selbstlaut (aa, ee, oo).*

㉓ *Suche 10 Wörter, die mit* **s** *enden.*

㉔ *Suche 10 Wörter mit* **ck**.

㉕ *Suche jeweils 3 Wörter mit* **ah, eh, uh, oh**.

㉖ *Suche die 15 Wörter mit den Anfangsbuchstaben* **T, t**, *in denen kein Buchstabe doppelt vorkommt.*

㉗ *Suche 10 Wörter mit den Anfangsbuchstaben* **W, w**, *in denen ein Selbstlaut mindestens doppelt vorkommt, z. B. w*e*ck*e*n.*

Wörterliste

A, a

ab
der Abend
abends
aber
acht
ändern
ängstlich
der **Ärger**
ärgern
der **Affe**
alle
allein
alles
als
alt
älter
am ältesten
am
an
andere
anfangen
anfassen
anfreunden
angeben
die Angst
die **Antwort**
antworten
der Apfel
die **Äpfel**
die Apfelsine
der **April**
die Arbeit
arbeiten
der Arm
der **Arzt**
die **Ärztin**

auch
auf
die **Aufgabe**
aufpassen
er paßt auf
aufstellen
das Auge
der **August**
aus
der Ausflug
ausruhen
außen
das **Auto**
der Autor
die Axt

Was magst du gerne? Schreibe die passenden Wörter von dieser Seite.

B, b

das **Baby**
backen
das Bad
baden
der Bäcker
der Bär
die Bahn
der **Bahnhof**

bald
der Ball
die Bank
basteln
der Bauch
bauen
der **Baum**
die **Bäume**
behalten
sie behält
bei
beide
beim
das **Bein**
bekommen
bellen
beobachten
die **Beobachtung**
der **Berg**
bergig
berichten
der Beruf
beschweren
besonders
besser
am **besten**
bestimmen
besuchen
das **Bett**
biegen
die **Biene**
das **Bild**
die Bilder
billig
billiger
am billigsten
ich bin
du bist

bis
bitte
das Blatt
die Blätter
blau
bleiben
geblieben
die **Blume**
die Blumen
bluten
böse
das **Boot**
boxen
der Brand
brauchen
bremsen
brennen
der Brief
die Brille
bringen
das Brot
der **Bruder**
die Brücke
brüllen
brummen
das **Buch**
die Bücher
bummeln
bunt
der **Bus**
die Butter

C, c

der Comic
der **Computer**

Wörterliste

Schreibe die 7 Wörter von beiden Seiten, die nur zwei Buchstaben haben.

D, d

da
dabei
dafür
danach
danken
dann
darauf
das
daß
decken
dein
dem
den
denken
der
der **Dezember**
dich
dick
die
der **Dienstag**
dir
doch
der **Donnerstag**
doof
dort
draußen
drei
drinnen
drücken
du
dünn
dürfen
er **darf**
dumm
dunkel
durch
der Durst
durstig

E, e

echt
die Ecke
ehrlich
das Ei
ein
eine
einem
einen
einer
einfach
einkaufen
einmal
einpacken
eins
einsam
das Eis
eisig
der Elefant
elf
die **Eltern**
das Ende
entdecken
die Ente
entwerfen
der **Entwurf**
er
die Erde
erklären
die Erklärung
erleben
erst
erster
erzählen
die Erzählung
es
der Esel
essen
sie ißt
etwas
die Eule

Eine Räuber: kleiner wieder einem Meer, konnte acht eine Häuser fünf.

Schlüssel zur Geheimsprache: Seite 110

F, f

fahren
sie fährt
der Fahrer
das **Fahrrad**
Fahrrad fahren
fallen
falsch
die **Familie**
fangen
fassen
sie faßt
gefaßt
der **Februar**
die Fee
fehlen
feiern
fein
das Feld
das Fenster
die **Ferien**
fernsehen
das **Fernsehen**
der **Fernseher**
fertig
das **Fest**
fest
festhalten
das Feuer
die **Feuerwehr**
das **Fieber**
der **Film**
finden
der **Finger**
finster
fix
die **Flasche**

113

Wörterliste

	fliegen		Fußball		die Gesundheit	H, h	
sie	fliegt		spielen		**gewinnen**		
	flitzen	das	**Fußballspiel**	sie	gewinnt	das	Haar
	flüssig			das	Gewitter		**haben**
	flüstern			das	Glas	du	hast
das	**Flugzeug**			die	Gläser	sie	**hat**
der	Fluß				**glatt**	sie	hatte
die	Flüsse				gleich	wir	hatten
	folgen			das	**Glück**		hängen
die	**Frage**			das	**Gold**	der	**Hals**
	fragen			das	**Gras**		**halten**
die	Frau				grau	er	hält
	frei				**groß**	die	**Hand**
die	Freiheit				**größer**	die	Hände
der	**Freitag**		G, g	am	**größten**		hart
	fressen		**ganz**	die	Großmutter	der	Hase
es	frißt	der	Garten	der	Großvater	das	**Haus**
	gefressen		geben		grün	die	**Häuser**
die	**Freude**	sie	gibt		grüßen	die	**Haut**
	freuen	der	**Geburtstag**		**gucken**	das	Heft
der	**Freund**	das	**Geheimnis**		**gut**		heiser
die	Freunde		**gehen**				heiß
die	Freundin	ich	gehe				**heißen**
	freundlich	er	**geht**			er	**heißt**
die	**Freundschaft**		gelb			die	Heizung
	frieren	das	**Geld**				**helfen**
	froh	das	Gemüse			er	hilft
	fröhlich		genug				heraus
	früher		gerade			der	Herbst
der	Frühling		**gerecht**			der	Herr
das	**Frühstück**		gern				**herunter**
der	Fuchs	das	**Geschäft**			das	Herz
	füllen	das	Geschenk				heulen
	fünf	die	**Geschichte**				**heute**
	für	die	Geschwister			die	**Hexe**
	füttern	das	Gespenst				hexen
der	**Fuß**		gestern				hier
der	**Fußball**		**gesund**				hin

Wörterliste

	hinaus		**informieren**	die	Kerze
	hinein	die	**Information**	das	**Kind**
	hinter		innen	die	**Kinder**
der	Hinweis		ins		klar
das	**Hobby**		interessant	die	**Klasse**
	hoch		**ist**		kleben
	höher			das	Kleid
am	höchsten				**klein**
	hören		J, j		**kleiner**
	holen		**ja**	am	**kleinsten**
die	Hose	die	Jacke		**klettern**
der	**Hügel**	das	**Jahr**		**klingeln**
der	**Hund**	der	**Januar**		klug
der	Hunger		jedem	die	Klugheit
	hungrig		jeder		kochen
der	**Husten**		jetzt	der	König
der	Hut	der	**Juli**		können
			jung	er	kann
			jünger	er	konnte
		der	Junge		**kommen**
		der	**Juni**		komm
				es	**kommt**
				der	**Kopf**
					kosten
			K, k		krächzen
		der	Käfer		**krank**
	I, i	der	Kaffee	das	Krankenhaus
	ich	der	Kakao	die	**Krankheit**
der	Igel		**kalt**		kratzen
	ihm	die	Karte	der	Kreis
	ihn	die	Kasse		kreischen
	ihnen	die	**Kassette**		**kriechen**
	ihr	die	**Katze**		kriegen
	im		kaufen	der	Kuchen
	immer		**kein**	die	Küche
	in		kennen		kurz
			kennenlernen	der	Kuß
				die	Küsse

	L, l
	lachen
	lächeln
das	Land
	lang
	länger
am	längsten
	langsam
	langweilig
	lassen
er	läßt
	laufen
sie	läuft
	laut
	leben
	lecken
	lecker
	legen
er	legt
der	**Lehrer**
die	**Lehrerin**
	leicht
	leise
	lenken
	lernen

Wörterliste

lesen	sie **malt**	morgens	nur
er liest	die Mama	das Motorrad	die Nuß
letzter	man	müde	die Nüsse
die **Leute**	**manchmal**	müssen	
das Licht	der Mann	ich muß	
lieb	die Mark	du mußt	
lieben	der Markt	die Mütze	
das Lied	die **Maus**	der Mund	
liegen	das **Meer**	munter	
links	**mehr**	die **Musik**	
lösen	**mein**	der Mut	
der Löwe	meinen	**mutig**	
lügen	die Meinung	die **Mutter**	
die Luft	am meisten		
lustig	melden	N, n	
	der Mensch		
	die Menschen	**nach**	
	merken	**nachmittags**	
	messen	die **Nacht**	O, o
	er mißt	**nachts**	
	das **Messer**	**nächster**	oben
	der Metzger	der **Name**	das **Obst**
	mich	die Nase	oder
	die **Milch**	naß	**öffnen**
	mir	nasse	oft
	mit	der Nebel	ohne
	mittags	**neben**	das Ohr
	der **Mittwoch**	**nehmen**	der **Oktober**
	mixen	**nein**	die **Oma**
	der Mixer	**nett**	der **Onkel**
	mögen	**neu**	der **Opa**
	ich mag	neun	Ostern
M, m	ich möchte	**nicht**	
	der Monat	nichts	P, p
machen	der **Mond**	nie	
das Mädchen	der **Montag**	**noch**	das Paar
das **Märchen**	der Morgen	der **November**	packen
der **März**	**morgen**	nun	der Papa
der **Mai**			das **Papier**
mal			
malen			

Schreibe alles von beiden Seiten auf, was zwei Beine hat.

Wörterliste

die Pappe
passen
es paßt
passieren
die **Pause**
petzen
der Pfennig
die Pflanze
pflanzen
pflegen
pflücken
der Platz
plötzlich
der **Po**
die Polizei
die Post
der Preis
prüfen
der Pullover
die Puppe

Q, q u

der Quark
quer
quietschen

R, r

das Rad
radfahren
das Rätsel
der Räuber
rasen
raten
rattern
rechnen
rechts

der **Regen**
regnen
regnerisch
die Reihe
die Reise
reisen
reißen
reiten
rennen
retten
richtig
riechen
der Riese
riesig
der Ring
rollen
rot
der Rücken
rufen
rund

S, s

die Sache
der Sack
die Säge
sagen
sie sagt
sammeln
der **Samstag**
der Sand
der Satz
sauer
sausen
schaffen
geschafft
der Schal
schalten
der **Schatz**
die Scheibe
scheinen
die **Schere**
das **Schiff**
das **Schild**
die **Schilder**
schimpfen
schlafen
schlagen
schlecht
das **Schloß**
die Schlösser
schmecken
die **Schmerzen**
der Schnee
schneiden
schneien
schnell
schön
die Schokolade

schon
der Schrank
schrecklich
schreiben
schreien
die **Schrift**
der Schüler
die Schülerin
schützen
die **Schule**
der Schulleiter
die Schulleiterin
schwach
schwächer
am **schwächsten**
schwarz
schweben
das Schwein
schwer
die **Schwester**
schwierig
schwimmen
sechs
der **See**
segeln
sehen
sie sieht
sehr
die Seife
sein
seinen
die Seite
selbst
die **Sendung**
der **September**
setzen
sich
sicher

117

Wörterliste

sie	**stinken**	die **Tasse**	**und**
sieben	stören	**tauschen**	der **Unfall**
wir **sind**	der Stoff	das Taxi	**ungerecht**
singen	stolz	der **Tee**	uns
sinken	die **Straße**	der **Teller**	unser
sitzen	**streiten**	**teuer**	unten
so	der Strom	der Text	**unter**
sofort	das Stück	das **Tier**	die **Unterhaltung**
sollen	stürmen	der **Tip**	der **Unterricht**
sie soll	**stürmisch**	der Tisch	**untersuchen**
der Sommer	**stürzen**	der Titel	
die **Sonne**	der Stuhl	toll	
sonnig	die Stunde	die Torte	
der **Sonntag**	der **Sturm**	träumen	
spät	**suchen**	tragen	
spannend	süß	der Traum	
der **Spaß**	der Supermarkt	die Träume	
spazieren-	die Suppe	traurig	
gehen		**treffen**	
das Spiel		sie trifft	
spielen		treiben	
spitz		die Treppe	
der **Sport**		**trinken**	
sprechen		das Tuch	
sie spricht		die Tür	
springen		tun	
die **Stadt**		turnen	
stark			
stärker			V, v
am **stärksten**		U, u	der **Vater**
staunen		**über**	**verbessern**
stecken	T, t	überall	vergessen
stehen	die Tafel	**überarbeiten**	vergleichen
stehlen	der **Tag**	**übermorgen**	der **Verkäufer**
steigen	die Tanne	die **Überschrift**	die Verkäuferin
der Stein	die **Tante**	die Uhr	**verkaufen**
die Stelle	tanzen	**um**	der **Verkehr**
stellen	die Tasche		**verletzen**

Schreibe alle Wörter von der Schule, die du auf dieser Seite findest.

Schreibe alle Wörter, die mit v beginnen, außer Wörter mit der Vorsilbe ver.

Wörterliste

vermuten
verschieden
verstehen
verteilen
vertragen
viel
viele
vielleicht
vier
der **Vogel**
voll
vom
von
vor
vorbei
vorgestern
vorlesen

W, w

wachsen
es **wächst**
der Wagen
wahr
die Wahrheit
der **Wald**
wann
es war
die Ware
warm
warten
warum
was
waschen
er wäscht
das Wasser
wecken
der Weg

weich
das Weihnachten
weinen
ich **weiß**
weit
die Welt
wenn
wer
werden
es wird
werfen
er wirft
das **Wetter**
wichtig
wie lange
wie oft
wie
wieder
die **Wiese**
der **Wind**
windig
der Winter
winzig
wir
wissen
der Witz
witzig
wo
die **Woche**
wohin
wohl
wohnen
die Wohnung
die **Wolke**
wolkig
wollen
ich **will**
sie wollte

womit
das **Wort**
wünschen
würfeln
der **Wunsch**
die Wurst

X, x
— —

Y, y
— —

Z, z
zählen
die **Zahl**
zahlen
der **Zahn**
zanken
der Zauber
die Zauberin
zaubern
der Zaun
zehn
zeichnen

zeigen
sie zeigt
die Zeile
die Zeit
die **Zeitung**
ziehen
das Zimmer
der Zoo
zu
zu Hause
zuerst
zufrieden
der **Zug**
zuletzt
zum
zur
zurück
zusammen
zwei
zwischen

KUNTERBUNT

Unser Sprachbuch für Klasse 3
**Ausgabe für
Baden-Württemberg**

Herausgegeben von:
Horst Bartnitzky und
Hans-Dieter Bunk

Erarbeitet von:
Horst Bartnitzky
Hans-Dieter Bunk
Ingrid Nicklaus
Mechtild Peisker
Ulrike Strunk

Grafische Gestaltung:
Wolfgang Metzger

Beratung:
Helga Grimm, Alpirsbach
Brigitte Heß, Waiblingen

Zum Unterrichtswerk
KUNTERBUNT gehören
(für Klasse 2-4):

– KUNTERBUNT
   Sprachbuch 2-4

– KUNTERBUNT
   Lesebuch 2-4

– KUNTERBUNT
   Sachkartei 2-4

Quellenhinweise

S. 6/7 NN S. 20 Fotos: Hans-Dieter Bunk (oben), Bernd Rechel (Mitte), Mauritius – Geisser (unten links), Stadtverwaltung Bad Tölz (unten rechts). S. 27 Foto: Hans-Dieter Bunk. S. 34 Fotos: Ingeborg Hoke (oben links), Christine Leininger (Mitte rechts), Hans-Dieter Bunk (Mitte links), Bernd Rechel (unten rechts). S. 40 Fotos: Wolfgang Metzger (oben links), Hans-Dieter Bunk (oben rechts, unten rechts), Klaus Kerth - ZEFA (Mitte links), Mauritius - Beck (Mitte rechts), Bernd Rechel (unten links). S. 53 Fotos: aus: Terra Erdkunde für Gymnasien in NRW 9, Ernst Klett Schulbuchverlag, Stuttgart (oben rechts), Heiner Flues (oben Mitte), Anna-Maria Klages (oben links), Ute Meyer, Bielefeld (unten), Karikatur: Marie Marcks, Heidelberg. S. 57 Fotos: Hans-Dieter Bunk.

 Gedruckt auf Papier aus chlorfrei gebleichtem Zellstoff, säurefrei. Umschlag mit PP-Folie kaschiert, umweltverträglich und recycelbar.

1. Auflage   1 5 4 3 2 1 | 1998 97 96 95 94

Alle Drucke dieser Auflage können im Unterricht nebeneinander benutzt werden, sie sind untereinander unverändert.
Die letzte Zahl bezeichnet das Jahr dieses Druckes.
© Ernst Klett Schulbuchverlag GmbH, Stuttgart 1994
Alle Rechte vorbehalten.

Redaktion: Heiner Flues, Martina Schramm

Umschlag: M. Muraro
Satz: Lihs, Satz und Repro, Ludwigsburg
Druck: KLETT DRUCK H. S. GmbH, Korb
ISBN 3-12-201600-1